澳洲打工度假
開啟的第二人生

Second Life In Australia

Preface ◆ 作者序

　　「時間」是人生最大的資產，如果人生很短，那青春就是一瞬間。職場中斷可以重來，但申請打工度假有年齡限制，年紀一旦過了，未來想要體驗國外生活，背後的機會成本會高到這輩子不敢再去做夢。

　　申請到簽證是跨出舒適圈的第一步，重點是如何在留澳時間有限的情況下，盡可能縮短落地初期水土不服、文化落差、找工時間、買車等生活與工作兩頭燒的難題，讓生活迅速步上正軌，開始體驗「澳式生活」。

　　到了澳洲該怎麼活？這沒有正確答案，每位來澳洲的背包客，都有自己追求的夢想。我能做的，就是濃縮、總結與淬鍊自己在澳洲的所見、所聞與所想：不論是澳洲的薪資、稅率與匯兌，還是分享自己的農場收入及生活支出，或是澳洲的人事物為我帶來怎樣的心得與觀點，以及回台後才發現的台澳差異等。我將澳洲經歷的一切種種，寫在書中，毫無保留。

　　沒那個澳洲時間，別跟自己的時間開玩笑！希望看完這本書，可以讓猶豫不決的讀者，擁有出國闖蕩的勇氣；希望看完這本書，可以讓準備出發的讀者，做好觀念上的建立；希望看完這本書，可以讓落地打拚的旅人，減少陣痛期，少繞點彎路，持續朝目標前進。

　　身為畢業的老包，唯一能做的就是分享過來人的經驗，讓後進晚輩少走一點冤枉路，讓處於不同時期的讀者能做好出發前的準備、落地中的實踐、回國後的經驗。

　　我回來了，那你準備好出發了嗎？屬於你的第二人生，下一站在哪呢？還沒開始的理由，又是什麼呢？是時候出國走一遭，去豐富自己的人生閱歷，去得出專屬於你個人獨一無二的人生結論。

Foreword I ◆ 推薦序一

你的能耐在哪裡，來一趟澳洲就知道

2019年與Patrick初次相遇，當時以亞亞旅行社司機與導遊的身分，帶著他們一家人大洋路一日遊及機場接送。透過本書，讓我想起2013年在澳洲當起背包客，初期錢被拐光，流落街頭只能睡公園的落魄樣。終究我還是熬過來，即便受到如此對待，仍然不減我對澳洲的熱愛。時至今日，不僅當初創立的臉書社團「澳洲找工網」已經是個有九萬人規模的大社團，我所創辦的「澳洲亞亞旅行社」也挺過疫情，日益壯大。對於想來澳洲打工度假的後進者，澳洲就像19世紀的美國淘金熱，處處充滿機會，最重要的就是「獨立自主」與「持之以恆」。從Patrick的字裡行間，可以看到他在遇到困境時，如何在沒有後援的情況下排除萬難、樂觀向前的精神與態度，用傲骨又謙虛的筆鋒笑談澳洲往事。

在寫作這件事，從2019年聽到Patrick出書的夢想，在2023年即將實現，如此毅力值得嘉許。畢竟，並不是每個人都願意付出4年多的光陰來幫自己圓夢。在人生地不熟的陌生國度從零開始，這跨出舒適圈的幅度，與從鄉下來到台北打拚相比，過程中所遇到的挫折與挑戰，堪稱魔界村對上小兒科。Patrick「獨立自主」與「持之以恆」的精神，透過文字傳達、渲染給讀者，讓人擁有把絆腳石變成墊腳石的勇氣與意志力。

如果你是回台老包，看完這本書，你會跟我一樣，當年勇闖澳洲的點滴湧上心頭，千萬回憶映入眼簾；如果你是準備踏上不歸路的羔羊（或是仍在猶豫中），這本書將是帶給你勇氣的精神糧食，讓你對澳洲有更多的悸動與嚮往；如果你是已經在路上的背包客，書本裏頭濃縮的實務經驗與觀念，可以讓你少走一些彎路，上工時能更快進入狀況，掌握自己的薪資與工作節奏。相信這本書，對處於人生不同階段的你我而言，都可以從中得到借鑑與啟發。不說了，我要去揪一團老包，一同遙想當年可歌可泣的史詩級冒險故事。

臉書社團澳洲找工網創版人／版主、澳洲亞亞旅行社執行長

Foreword II · 推薦序二

人的一生，就是找尋最佳化的旅程

我的人生跟作者很像，從工程師、銀行白領、家電業務部經理，然後自己開了間精品家電顧問公司。有點斜槓，卻又沒有很斜，每個階段之間必有其關聯性，就像澳洲打工旅程中，從新包到老包，大家一直在尋找的是最適合自己的路徑，不停去 Try and Error。

最有趣的是，相同的路徑，十種人可以走出二、三十種不同的方式，你即使詳讀本書七七四十九次，實際上路也不一定會照裡頭的方式去解題，這就是旅行的本質－探索未知、豁然開朗。

我超喜歡開頭第一篇提到的概念：澳洲打工就像一款經營遊戲，起始屬性×攻略套路＝降低難度。書中提供很多企業管理與工業管理的思維，作者透過細膩的觀察角度及「PDCA」的實踐，最後總結經驗並將其淬鍊成「觀念」。筆者鑽研至深，儼然已成為採果宗師與地下 CEO，令在下自嘆不如。

巧妙的是，在我經營企業的過程中，也會用到相同的邏輯。

創立公司前，好比起飛前，想盡辦法找好支援，會計師、專利師、律師、品牌設計師，深怕不懂被坑一波；創立公司後，就像落地後，全盤進入執行階段，編列資金、支出項目、營業收入、庫存、轉換率等，深怕錢燒完打包回家吃自己。

遊戲如果全照著攻略玩，就不好玩了；過於具體教學的工具書，也不一定適用於自身的情境；而一本好的經驗引導書，可以大幅度地避免我們在決策中踩雷，以及減少不愉悅的過程，這本書很讚。

所以在看完之後，不論是人生，還是班機即將起飛的你，也來創建屬於自己的寶典祕笈吧！

元式生活創辦人

劉尋元

Foreword III · 推薦序三

人生苦短，值得勇敢

作者Patrick是我多年的朋友，他在退伍的時候選擇一條與多數社會新鮮人不同的路－前往澳洲打工度假。回國後有幸相約，分享彼此的近況後發現，我們現階段都有「忙著投資自己」的共同點，我在理財路上獲益匪淺，他在澳洲路上受益良多。

身為一個財經部落客，對於書中提到「存款數字跟賺錢多少無關，而是跟支出多少有關」很有共鳴，私下跟Patrick打探，他鉅細靡遺的記錄每一期薪資單及每一筆開銷，並定期檢視收支情形。看他把理財的基本功做得很足，在累積儲蓄這一塊，用不著我替他擔心。

書中許多內容展現Patrick工管腦與企管腦的雙向思維，在「開源」「節流」面前，他不是二選一，而是選擇雙管齊下。節省開銷上，提供最佳購物的時間點，以及集點換購物金的小技巧；增加收入上，可謂是細節魔人，透過拆解薪資結構，導出公式並剖析時薪與績效上的取捨，無私分享技巧心法，帶領讀者思考如何將薪資收益最大化。

書中議題從落地後講到回國後，從經驗分享說到心路歷程，從宏觀總經談到微觀個體，從打工仔的視角，拉伸到公司制度的視野。多元面向的內容，間接描繪出Patrick過往的人生軌跡與豐富的內心世界。

投資需要耐心，才能開花結果，越早投資越能享受到複利的效果。站在投資的角度而言，用短暫的青春投資在澳洲打工度假上，將旅程的收穫幻化作成長的養分，這複利的效果將深深影響往後長達30年的人生。

感謝Patrick出版本書，讓沒有規劃前往澳洲打工度假的我，透過文字了解打工度假是怎麼一回事，對澳洲也有更多的認識。相信此書也能夠幫助許多想前往澳洲打工度假的人，在看完後有出國闖蕩的勇氣。

資工心理人的理財探吉筆記版主、資工心理人

CONTENT

CHAPTER

03 / 澳洲生活花費

CHAPTER

04 / 回台後的體悟

CHAPTER

05 / 下一站，紐西蘭

行前觀念建立

PRE-DEPARTURE ORIENTATION

澳洲打工最困難的時期：「燒錢的陣痛期」以及「環境的適應期」

周邊的親友或同事，總會覺得去澳洲打工是一件很歡樂、輕鬆簡單的事情。最偏誤的認知就是「只要簽證辦好，人飛過去就能直接上工」的迷思，認為只要簽證辦好、機票買好，澳洲那邊會有人幫你處理好工作、住宿、開戶等事情。

我不知道是不是外勞來台灣的情形，讓他們覺得澳洲也是如此，同樣是透過人力仲介媒合、安排到台灣工作，抑或是媒體渲染，認為出國打工度假與外勞來台灣工作無異。

簡而言之，澳洲打工度假，關於「打工」的部分，沒有那麼簡單。

國外版的南兒北漂

很多人對澳洲打工度假的認知，以為就是來台工作的外勞，付錢給仲介媒合工作，並處理簽證、落地後的生活起居等，然後雇主安排住宿與工作，有一條明確的產業鏈與SOP。

實際上澳洲打工度假就像是一個南部小孩到北部打拚，要獨自面對租屋、工作、交通、飲食與生活習慣、南北文化差異等阻礙。只是南兒北漂

所遇到的阻礙，與在澳洲從零開始的挑戰相比，只能說是小巫見大巫。

遠渡重洋到澳洲打工度假的背包客，生活工作從零開始，租房要自己處理、工作要自己找、生活要自己顧、三餐要自己照料，澳洲政府在過程中只負責發簽證，其他落地後的生活起居、工作安排都得靠自己。光是從前置作業與前置成本，就包含了簽證申請、體檢、保險、護照、國際駕照、機票、英文履歷等，還要將台灣的事情一一打點好。

落地後，找租、找工、申請三大號（銀行帳號、手機門號、稅號）、買車評估等，都是第一時間就須優先處理的議題。除了英文溝通的壓力外，還要頂著存款燒完前盡快找到工作的焦慮感，以免錢太快花完，被迫提前登出澳洲。

除了生活議題要處理外，孤身在外，人身安全也要注意。澳洲處處有許多詐騙陷阱，從房租詐騙、工作詐騙、仲介詐騙、買車詐騙到釣魚網站等，這些都是到了人生地不熟的澳洲，容易遇到的詐騙手法。如何避免被騙，除了出發前多爬文外，事情發生的當下，多留個心眼注意，或是上網搜尋，為自己的生命財產多點保障。

尤其是對當地詐騙情況不清楚的新包，更可能成為詐騙陷阱中的肥羊。當你以為遇到同鄉可以互相取暖，殊不知「老鄉老鄉，背後一槍」，從網路上許多老包分享的案例中看到，許多詐騙都來自有著共同語言的華人身上，最後衍生出「華人不可信，即便他是台灣人」的「防人之心不可無」一詞。

身處在地球另外一端，當憾事發生、想找親友支援時，才發現遠水救不了近火，在台灣的他們能幫的有限。反觀北漂遊子，只需一張車票就能周遊台灣，也沒有語言上的隔閡，再加上親朋好友都在國內，一通電話就能相約、相見、相幫助，相對澳洲都簡單許多。這也是為什麼，當許多人把國外打工的背包客與來台灣工作的「外勞」畫上等號時，我卻認為，背包客的性質實際上更像是去外地打拚的「遊子」。

打工的背包客跟北漂的遊子，在外所面對的困難是一樣的，差別在於北漂遊子的親友團最起碼都還在台灣，反觀身處在澳洲的背包客，連親朋好友都沒得依靠，因此更考驗一個人獨立自主，以及面對困難時的能耐與抗壓性。

　　所以澳洲打工度假「難」在哪？根據上述外勞及遊子的情形，通常我的回答就是：「剛到澳洲的時候」。俗話說：「萬事起頭難」，從落地到找到一份工作穩定下來的這段時間，是最難熬的時刻。基本上只要能熬過這段「燒錢的陣痛期」及「環境的適應期」，接下來的日子都能過得很安穩。

② 燒錢的陣痛期

　　要在澳洲展開新生活，就必須有一份穩定的工作為開端。在澳洲的第一份工作往往不好找，因為比起學歷，當地人更看重工作經驗，因此履歷投遞後被已讀不回是家常便飯。連續投1、2週下來卻了無音訊，容易讓人信心受挫，令人懷疑自己究竟是能力不夠？還是履歷寫不好的緣故？石沉大海的反饋，即使想要改進也不知能從何下手。

　　因為工作不穩定，租屋處就不能確定，為了搬家方便，所以要輕裝簡行，因此不能買太多食材與生活用品，行李家當要保持能盡快打包好的狀態，基本上仍處於「旅人」的身分。重點是初期的盤纏有限，必須嚴格控制預算，用省錢爭取時間，拉長找工作的空窗期，哪怕是額外支出一筆小錢，也都會被放大檢視，就是為了避免太快將錢燒完，而被迫提早離澳回台的窘境。

　　也因預算有限，許多背包客初期會猶豫該不該買車。雖然買車有許多優點，例如，不用等公車、時間更彈性、更好找到工作、不求人載、能開車到大眾運輸抵達不了的遠方等，看似諸多好處的背後，也要承擔相對應的風險。基本上，二手車買家與賣家的資訊不對稱度很高，汽車又是一次性大手筆的支出，對工作還沒有著落的新包來說，等同於是1、2個月的生活費沒了。

　　所以買車不是怕買貴，而是怕用高價買到一台破銅廢鐵，甚至是一台動不動就要進廠維修的賠錢貨。要是新包遇到上述情形，手頭能動用的資金又

有限，簡直就是賠了夫人又折兵，最後落得兩頭空。尤其是對手頭不夠寬裕、還不懂車的新包來說，買車簡直就是一場豪賭，一場買錯可能就會直接回台的賭局；相對的，買車能縮短找工作的時間，還能獲得更方便、不求人的生活，從這角度來說，就是一筆非常划算的投資。

③ 環境的適應期

　　來到人生地不熟、語言也不通的南半球，澳洲是如美國般由多元種族組成的移民文化國家。來到澳洲，將重新接受英文「聽、說、讀、寫」的洗禮。

　　當大家來自世界各地，除了一口流利的母語外，還必須仰賴國際的共通語言——「英文」當作溝通的媒介，不時還得使用一些「身體語言」來搭配說明。一下飛機過海關，才知道原來在台灣受教育所學到的口說英文過於單一，即便考過多益，所謂的美國、日本、韓國、澳洲口音都只是很狹隘的認知。路上隨處可見形形色色的印度、印尼、越南、泰國、阿富汗、韓國口音等，還有常被誤認為是從非洲來的巴布亞紐幾內亞及索羅門口音。

　　你很難刻意去區分各國的口音，基本上就是多聽，然後習慣，最後適應澳洲多元的英文口音就對了！除了聽別人怎麼說以外，我們也要口頭給予回應，這也是台灣最缺少的英文口說環境。

　　來到澳洲，基本上不怕說錯，就怕不說而已。如果有機會身處在許多來自不同國家背包客的環境中，真的不要錯過練習英文聽力與口說的機會。跟許多背包客聊天，了解各國的文化差異，以及發現大家的英文其實都差不多爛，就像歐洲非英語系國家來的背包客，大部分人的英文也很差！

　　歐洲大陸上有許多國家林立，法國、德國、義大利、希臘、西班牙、葡萄牙、比利時、瑞士、瑞典等，各國都有各自的母語。在歐洲出生的人，第二語言沒有非要學英文不可，而是根據自己的興趣與未來考量，決定要學習哪國語言。

　　一個西班牙人，未來若想去法國學設計，他會將法語當作他的第二語言

學習，而非英文；一個希臘人，想去德國學技術，甚至移民德國，他就會在英文與德文之間，優先選擇德文當作第二語言。

因此，大家聊天時不太會用艱澀的單字，也不用害怕聽不懂印度腔、日式英文，大多時候只要一個句子聽得懂幾個關鍵字，再配合身體語言，就能大致理解對方想要表達的意思。另外，亞洲國家大多崇尚考試文化，英文的聽、說能力較弱，讀、寫能力較強，基本上跟台灣差不了多少。

除了聽、說之外，「看」與「讀」英文也是在澳洲常會接觸的事物，從求職網站的職務說明、入職的訓練手冊、百貨專櫃、超市型錄與商品名、路上的交通號誌與告示、各品牌的澳洲官網、一直到菜單等，時常會出現看不懂的單字，抑或是把看得懂的單字組成句子後，就滿臉問號的情形發生。

「寫」英文的情形比較少發生，除了初期找工作要撰寫履歷、求職信、入職智力測驗、資料登記、買車需要與賣方溝通等，當工作與生活都穩定下來後，只剩下寄包裹、公事往來會用到簡單的英文，剩下用英文書寫的機會是微乎其微。

基本上，澳洲的方方面面都與英文脫不了關係，必須重新適應「英文」及「多元文化」，對自己英文沒自信的人，既然人都有勇氣到澳洲了，真的不用擔心自己的英文能力，接下來的日子補強就是了。

透過環境的刻意塑造，將自己沉浸在全英文的環境中，當你開始適應澳洲多元的英文環境，潛移默化之下，英文能力自然會有所提升。

 ④ 準備越齊全，起頭就越順遂

如果把澳洲打工度假想像成一款經營遊戲，你準備創建一個角色進行開局，這時如果你的角色起始屬性數值越高，那麼在開始遊戲時，初始難度就越低。

起始屬性的基礎數值，來自於一個人「過去人生經歷的總成」，從基本的國、英、數，一直到特定領域的專業能力，以及抗壓性、EQ、領導等軟實

力，還有生活習慣、價值觀等，都可以當作進入澳洲打工度假前的起始屬性。

其中幾個老包在網路常分享的重點屬性，如果能事先在台灣將其數值提高，等到正式踏上澳洲的土地時，這些關鍵屬性就能讓你比較好度過資源不足的前期。

❶ 共同語言的英文很重要，那就抽時間去惡補英文。

❷ 澳洲很多勞力活，建議多運動，先把基礎體力練好。

❸ 不懂車又打算要買車，就去跟懂車的朋友請教，或是去幾間二手車商了解驗車時需要注意的重點有哪些。

❹ 請教自己的老包朋友（或是透過網路認識），請他們解惑自己的疑慮與疑問，以及打聽澳洲打工度假的最新情報。

❺ 多帶點錢去澳洲，留一筆救命金當作備援計畫，這樣當遇上突發狀況或諸多不順時，就不會馬上出局回台。

可以先透過網路蒐集關鍵訊息，找出在台灣就能「超前部署」的項目，像是懂車、英文好、人脈廣、專業技能、錢帶得多、交際手腕強等，事先培養能力值，提升自己落地後在工作與生活上軌道的速度。

除了關鍵能力的培養外，進入遊戲前，若先把攻略祕笈看了好幾遍，對於哪些是該注意的點與關鍵的點就會有概念，往後在實際面對這些節點上，除了能避開危險訊號，更能掌握每個事件發生的脈絡與節奏，以及過程中該如何進行、預期花多久時間。

❶ 加入相關的臉書社團、LINE群組、背包客棧等，追蹤最新租屋、職缺、社會消息等。

❷ 落地第一件事就是要申請三大號（銀行帳號、手機門號、稅號），該如何申請？去哪裡申請？

❸ 安頓下來就要接著找工作，因此英文履歷與求職信在台灣先準備好。除了上網找範例之外，也可以請英文好、在外商待過的朋友，或是擔任人資的同事幫忙修正內容。

❹ 有哪些找工作的方式和求職平台？可以找哪些「合法」的在地仲介？有哪些求職的關鍵字？掃街投履歷的路線規劃等。

❺ 特定職位有證照或證書需求，像是叉車駕照、RSA 酒證、咖啡師、街頭藝人等，需要了解考照時間、價格、上課時數、地點、證照實用性等資訊。

❻ 想在棉花旺季去棉花場大賺一波，就把老包分享的工作地點、招工時間、所需技能及面試技巧記下來。

❼ 想要買車，要了解當地常用的二手車交易平台有哪些、預算抓多少、該如何挑選好車主、驗車注意事項、如何過戶等。

　　以上只是概述的概念，實際上不會只有這樣而已。像是如何預防常見的租屋詐騙與釣魚網站，我都還沒提到！這邊就點到為止，大家可上網搜尋最新的詐騙手法。

　　所以，如果把澳洲打工度假想像成一款經營遊戲：

起始屬性×攻略套路＝初始難度降低＆上手難度下降

　　在準備登入澳洲打工度假前，先透過網路資源做功課，找到該提升的關鍵屬性及攻略套路。在遊戲正式開始時，初始難度降低，遊戲上手度提高，自然就容易上軌道，進入正向循環，提早享受打工「度假」的部分。

　　搭配自己的專業技能與機運，或許哪天就忽然從勞力活晉升白領，甚至是獲得雇主擔保的工作簽證，最後得到永久居留權也說不定。

如何決定澳洲落地的第一站

隨著各國邊境逐漸解封，出國旅遊的熱潮迅速回溫，從各個澳洲打工度假的臉書社團，也能感受到許多新包迫不及待的氛圍，新包的問題及老包的叮嚀與分享，讓冷卻2年多的社團再次活絡了起來。

其中討論到最多的，不外乎就是第一站要去哪？因為這攸關台灣飛往澳洲的航班，以及當地潛在的工作機會。只有先預設好第一站，才能針對當地民俗風情、生活瑣事還有工作機會進行細部的資料蒐集。不然澳洲太大了，很難將資訊全面蒐集完後再做決定。

許多準備出發到澳洲打工度假的背包客，在簽證核發之際，才算正式跨出了離開舒適圈的第一步。當自己對這片南方大陸滿懷期待時，赫然發現自己對澳洲一無所知，更不論從台灣可以直飛的幾個大城市，壓根一點概念都沒有，導致難以決定落地的第一站。

因此本篇文章，可幫準備出發去澳洲，但還在猶豫第一站的背包客，簡介一下澳洲，並分享自己當初如何考量落地城市，當作是老包的經驗談。只要這篇文章能幫助新包對澳洲有簡單的認識，並知道接下來的考量點，那麼我也算是功德圓滿。廢話不多說，直接進入正篇吧！

① 澳洲簡介

澳大利亞聯邦（Commonwealth of Australia），俗稱澳洲或澳大利亞（Australia, AU），首都為坎培拉。國土面積大約7,686,850平方公里，是台灣面積的212倍大，也是排名世界第六、南半球第二大的國家。

英語為澳洲的官方語言，也是當地民眾生活最主要的流通語言。而澳洲發行與流通的貨幣－澳幣（AUD）是全球第五大流通幣別，且澳洲是目前法定最低時薪全球最高的國家。

澳洲大陸有許多當地獨有的生物，像是袋鼠、袋熊、鴯鶓、無尾熊與鴨嘴獸等，都是遠近馳名的特有種動物。

2 地理觀念－六個州與兩個領地

澳洲的行政區共分成六個州及兩個特別行政區（領地）。分別是昆士蘭州、新南威爾斯州、維多利亞州、塔斯馬尼亞州、南澳洲、西澳州、北領地及澳洲首都特區。根據其行政區，分別對應其首都與首府如下。

- 首都特區（首都領地－ Australian Capital Territory, ACT ）：坎培拉（Canberra）。
- 新南威爾斯州（新州－ New South Wales, NSW ）：雪梨（Sydney）。
- 維多利亞州（維州－ Victoria, VIC ）：墨爾本（Melbourne）。
- 昆士蘭州（昆州－ Queensland, QLD ）：布里斯本（Brisbane）。
- 南澳大利亞州（南澳－ South Australia, SA ）：阿得雷德（Adelaide）。
- 西澳大利亞州（西澳－ Western Australia, WA ）：伯斯（Perth）。
- 北領地（北領地－ Northern Territory, NT ）：達爾文（Darwin）。
- 塔斯馬尼亞州（塔斯－ Tasmania, TAS ）：荷巴特（Hobart）。

由於上述各首府皆可以從台灣直飛，因此背包客通常都會選擇上述幾個大城市當作落地的第一站，之後再從落地的城市周遭開始探索，逐步往附近的衛星城市（近郊），或重要城鎮輻射發散。

題外話，為什麼澳洲的首都在坎培拉，而不是雪梨是墨爾本？據說是澳洲獨立之初，雪梨和墨爾本彼此相持不下，最後的折衷方案就是在兩個城市之間，硬是劃一塊地打造成首都特區，這就是人造城市坎培拉的由來，也是澳洲公務員最多且最密集的城市。

由於將各行政區的重要城鎮一一列出會占據太多篇幅，這邊只負責起個頭，剩下的就留給還在猶豫第一站的背包客自己去做功課。

③ 氣候

澳洲四季分明，溫度會因為地區的不同而有所差異，越往北邊，季節性差異會越小。因此怕冷的背包客，夏天可以往南部的城市避暑，冬天再轉往北方的城市過冬（或是一年四季都待在北方城市，省去長途搬家的麻煩）；怕熱的背包客則是反之。

澳洲是全球最乾燥的大陸，飲用水主要是靠自然降水，並依賴水壩蓄水與供水。政府嚴禁使用地下水，因為地下水資源一旦開採，若發生地質災害，便很難恢復到原先的地貌。也因澳洲曾經歷過降雨量大幅減少，導致各大城市面臨缺水的情形，於是政府頒布多項限制用水的法令。印象最深刻的就是不能在自家庭院或街邊，用接水管的方式澆花、灑水或洗車，在當地人眼中，這種用水方式不僅浪費水資源，還會引來旁人檢舉、吃上罰單。

缺水的過去，讓澳洲人普遍擁有愛惜水資源的念頭。我所遇到的當地人都非常愛惜水資源，像台灣人天天洗澡這件事，他們是不能理解的，雖然不違法，但在他們觀念中，這無疑是浪費水資源的行為。為了洗澡這件事，自己當初還跟房東吵架，最終才艱難的達成5分鐘戰鬥澡的協議。這也是為什麼澳洲人不愛洗澡，以及出門需要噴香水掩蓋味道的原因之一。

④ 人口

如果你喜歡人聲鼎沸的熱鬧感覺，那麼各城市的人口就是可以參考的指標之一。另外，越大型的都市，能容納的產業多樣性也越多元，工作機會也有望擺脫傳統的服務業、肉場與農業。

打個比方，應該很少人聽過新聞台主播這個職位出現在台北以外的縣市吧？你覺得一個想當主播的年輕人，屏東會有什麼電視台給他機會嗎？即便有，那也是「少數」特例，台北的環境才撐得起「新聞台」這個產業夠多的資源養主播。就像許多的創新產業也多以台北為根據地，現狀只有台北才有夠豐富且多元的資源能支持這些新創去開創可能性。

且人多的地方就有需求，而需求越多，需要人力去滿足市場的職缺也會越多。根據維基百科中〈澳洲〉的資料顯示。

澳洲人口分布			
所屬州或領地	所屬州或領地總人口（已包括首府）	首府	首府人口
新南威爾斯州	7,076,500人	雪梨	5,260,000人
維多利亞州	5,496,400人	墨爾本	4,976,725人
昆士蘭州	4,380,400人	布里斯本	2,004,262人
西澳州	2,224,300人	伯斯	1,658,992人
南澳州	1,618,200人	阿得雷德	1,187,466人
塔斯馬尼亞州	501,800人	荷巴特	212,019人
首都領地	351,868人	坎培拉	349,900人
北領地.	223,100人	達爾文	124,760人

前五名的首府都是背包客可以從台灣直飛就抵達，且人口破百萬的大都市，也是常年來熱門討論的第一站首選。若想多認識不同國家的背包客、移民或是當地人，往人多的地方去準沒錯，例如，去參加活動、市集、課程、聚會，多去城市各個角落探險。

近年來也常看到設計、行銷及程式相關領域的背包客，想用台灣所累積的一技之長投入到澳洲的職場上，當作是職涯的延伸。不是不可能，只是相對於許多國際企業將澳州總部設在雪梨與墨爾本，你覺得荷巴特或是達爾文在設計、行銷或是寫程式的需求上，會有這些國際都市來的高嗎？不信的話，打開澳洲的求職網站，你就知道我想表達什麼。

5 時間觀念

主要分成時區、重要節慶與季節進行探討。

時區

　　澳州的時區組成可以分成夏令時間與標準時間（非夏令時間），根據不同行政區有不同的時差。不論是非夏令時期（當年4月～當年10月）還是夏令時間（當年10月～隔年4月），都會在4月及10月的第1個星期日進行調整。每年4月的第1個星期日恢復標準時間制，夏令時間在每年10月第1個星期日開始。

　　如何知道台灣與澳洲各地的時差呢？離台灣較近的西澳與台灣是零時差，其他地區由於標準時間與夏令時間各有差異。標準時間下，距離台灣最遠的東澳與台灣差異達2小時（早台灣2小時），夏令時間則可以差到3小時。由於各州標準時間與夏令時間實施辦法不同，建議上網搜尋，這邊就點到為止。但基本上現在人手至少一支手機，只要有連上網，手機、平板、PC等電子設備，就會根據所在時區自動調整，因此時區調整通常不會造成太大問題。

重要節慶（國定假日）

　　澳洲主要慶祝的國定假日分成兩種。一種為全國性的國定假日，一種則是由各州與各領地政府宣布的公眾假期。為求篇幅統一，這邊就只分享全國統一的國定假日。

日期	節日	日期	節日
1月1日	新年	4月10日	復活節星期一
1月2日	新年連假	4月25日	澳紐軍人紀念日（Anzac Day）
1月26日	澳洲國慶日	10月2日	勞動節
4月7日	耶穌受難日	12月24日	平安夜
4月8日	耶穌受難日翌日	12月25日	聖誕節
4月9日	復活節星期日	12月26日	節禮日

由於每年的復活節日期不固定，各地區政府對於復活節訂定的日期也不盡不同，詳細情形還請上網搜尋；至於各地的節慶活動，族繁不及備載，勞請大家上網搜尋，本篇就不再贅述。

季節

比起時區，季節對背包客的影響相對大很多。澳洲的季節與北半球相反：12月至2月是夏季；3月至5月是秋季；6月至8月是冬季，9月至11月是春季。

如果畏寒，天氣轉涼之際就該準備離開雪梨、墨爾本還有塔斯等南部城市，轉去伯斯、達爾文或是布里斯本過冬；怕熱則反之。

工作也是考量的重點之一，如果是在製造業、肉廠、營建或部分餐飲與服務業較沒有淡旺季之分，但對於農場活而言，就是隨「季節」而居的游牧民族，賺一波旺季後熬過冬，不然就是得轉去其他產業撐到旺季，或是跟著不同的蔬果產季四處漂泊。

想到澳洲各處看看的人，可以考慮跟著產季移動；倘若是想集二、三簽或單純想體驗農業活的人，可以配合季節體驗特定的蔬果看看；若是體感溫度較為敏感，會怕冷或怕熱的人，可以配合季節到北部或南部的城市移動。

6 移民國家造就多元文化

如何知道一間亞洲餐館是符合亞洲人口味還是歐美人口味？看客人的面孔！一間韓式餐廳如果用餐的大多是韓國人，表示比較接近道地的家鄉味；反之如果歐美人士居多，表示調味方式已經「在地化」，以迎合西方的偏好，泰式、日式、越式、中華、義式、歐風料理皆是如此。

不僅可以從食物看到如此樣貌，從咖啡、珍奶等飲品，一直到英文口音、常識、對生活與工作的態度、金錢觀、價值觀、社交圈，甚至是大到一個社區的組成，都能看到各國文化是如何為澳洲帶來多元的樣貌。

以國外到處都有的唐人街為例，就是以華人生活圈為主的街道，各州多少也都有所謂的小印度、華人區、越南區等，主要是由同根、同族或同國所組成的社區，當地所形塑的文化、觀念、街景、面孔及語言的同質性很強，都能讓遊子感受到回到家鄉的氛圍；反之，也有種族融合所塑造的多元社區，能在其中接觸到多國文化所編織的智慧與碰撞的火花。

　　澳洲與美國一樣是移民國家，因此在澳州隨處可見文化衝突，以及文化是如何在澳州變成一個大熔爐，然後用一個嶄新的樣貌詮釋在世人面前。

　　各地的移民人種多少有些差異，像是昆士蘭州的移民多來自紐西蘭（近年來韓國與日本臉孔也越來越多）、維多利亞州則是印度、新南威爾斯州則為中國大陸。因此，各處所形塑的城市樣貌與氛圍也有所不同。

　　根據維基百科〈澳洲〉資料顯示，澳洲最普遍使用的語言，從使用人數由多到少排序為：英語（72.7%）、華語（2.5%）、阿拉伯語（1.4%）、廣東話（1.2%）、越語（1.2%）及義大利語（1.2%）。

　　如果有時間，到澳洲各處看看，多接觸不同的人群與文化，多去體驗台灣遇不到的人事物，才不枉費大老遠飛到南半球闖蕩。

7 經濟概況

　　澳洲GDP在2021年約為1.5兆美元，為世界第十四大經濟體。若跟澳幣最強勢的2012、2013年相比，可以發現澳洲GDP最高的年分與澳幣的高點不謀而合。隨著近年來GDP總值緩步下滑，連帶澳幣跳水貶值，在2020年一度創近10年來低點。

　　經濟數據不亮眼，這跟澳洲對中國大陸的進出口貿易占比來到55%有關（與台灣差不多比重），隨著中國大陸近年來面臨經濟疲軟及中美貿易戰，澳洲其實是間接的受害者。

　　值得一提的是，大家對澳洲的印象，大多停留在天然資源及礦產豐富，農牧業發達，是全球鐵礦砂、煤礦及液化天然氣最大出口國，但其實澳洲的

金融、旅遊及教育業，在國際上具有高度競爭力。根據統計網站〈Statista〉資料顯示：**澳洲在2021年各產業占GDP的比重中，服務業占GDP比重為65.7%、工業占25.5%、農業占2.27%**，與背包客和外國人認知中「澳洲以一級產業為經濟主力」的印象大相逕庭！

另外值得驕傲的是，在全世界的法定最低薪資排名中，澳洲長年都在跟盧森堡角逐第一、二名的寶座。在撰寫本文的當下，澳洲2022年的薪資水準穩坐世界第一，但物價與所得稅率卻不是世界第一。來澳洲生活1年就可知道，明明都是領法定最低薪資，在澳洲足夠「生活」，在台灣卻只夠「生存」。

關於澳洲的薪資與開銷，之後的篇幅會再提到，這邊就不再贅述。至於客觀的物價指數，為了方便大家理解，這邊用幾個不正經的物價指數來說明澳洲的物價。

❶ 大麥克指數（The Big Mac Index）：買一個麥當勞大麥克需要花多少錢。澳洲人擁有全世界最高的底薪，但買一個大麥克的價格需要澳幣6.7元，位居全球第十三；不過更驚訝的是台灣排名倒數第七，一個大麥克的價格為台幣75元左右，與大部分的國家相比都便宜許多。

❷ 星巴克指數（Starbucks Index）：要花多少錢才買得到一杯星巴克拿鐵。台灣以一杯美金3.85元排名第三十四，澳洲以美金3.09元排名第五十二。不過兩者實際一杯價差不到台幣30元。

❸ iPhone指數（iPhone Index）：想不到就連iPhone都有指數吧！以2022年發表的iPhone 14 Pro (128 GB)當基準，以各國的平均薪資來看，總共需要花幾個工作天才能把iPhone 14 Pro帶回家。可以發現台灣平均需要17.2天，但在澳洲只需要6.1天！差了快3倍的天數，就能了解所謂的澳洲薪水高，但物價相對於其他先進國家卻不高的現況。

上述三個指標，僅供娛樂參考！有興趣的人，可以根據上述的英文搜尋關鍵字，就能查閱到完整版內容。雖說是參考，但在非正規的經濟數據背後，也反應澳洲高薪資，以及物價「相對」沒這麼高的「部分」事實，就連街邊餐館用澳洲的薪資來看，餐餐外食也不是問題（跟台灣差不多）。

通常高價格都是貴在購買與人的「知識」或「技術」含量有「直接」相關的服務上，像是醫療、水電、法律等服務。

8 如何選擇自己的第一站？

說那麼多，究竟該選擇哪一站落腳？我只能說，端看自己追求的是什麼。如果是以賺錢為第一考量，基本上幾個熱門的城市周遭與郊區有的是賺錢的機會，要工地、工廠、肉廠、服務業還是農業，該有的產業其實都有，剩下像是白領辦公室、設計或寫程式，就真的建議往大都市走。其餘的就看天時、地利、人和，運氣不錯自然落地就有工、廣結善緣總會有朋友介紹好缺、季節對自然會天天爆果，週薪破千。

因此如果以賺錢來看落地的第一站，通常只是個假議題。因為賺錢的機會到處都有，基本上用賺錢的角度挑落腳處，仍逃不出布里斯本、墨爾本、雪梨、阿得雷德跟伯斯的選擇。

金錢之外的考量，端看背包客自己需求為何，底線又在哪裡。有些人對肉廠的刀手很排斥；有些人無法接受農業在外日晒雨淋；有些人希望工作穩定，因此不受季節影響的工廠就會是個不錯的選擇。

工作之餘，又追求怎樣的「澳式」生活？認識來自不同國度的背包客？是霓虹熱鬧的大城市？還是貼近大自然的郊區小鎮？亦或者是在荒郊的露營車看滿天星斗？想要什麼，只有自己知道。更何況，生活一段時間後，可能又會冒出不一樣的想法：集二簽？工作簽？拚個永久居留權？用學生簽留在這？換一個台灣體驗不到的工作？

以自己為例，當時要出發旅澳時，先是與女朋友各自從網路上找資料，最後交換資訊後發現兩人都對墨爾本情有獨鍾！理由是當時的墨爾本四度蟬聯全球最宜居城市榜單第一，還冠有澳洲的藝術之都、咖啡之都等美名，網路上許多人分享墨爾本的文藝氣息與多元樣貌，讓我們被墨爾本的魅力深深吸引。

25

即便許多老包說在墨爾本的工作難找，我們卻還是義無反顧留了下來。最後就到了墨爾本近郊的農場採番茄，直到離澳為止。當工作穩定且有一定積蓄後，去了幾個大城市再回過頭來看，慶幸自己沒有因為一時的失意而轉移陣地，也讓我們更愛墨爾本這個城市（冬天真的很冷就是了）。

因此，哪個城市為最佳落腳處？這沒有最佳答案，必須自己去做功課，只有釐清「自己想要什麼」，並去了解每個州與主要城市的特色與文化，你才能知道自己可能與哪個地方較「投緣」。

最終，還是要親自走一遭，才知道自己究竟喜不喜歡這座城市。當你覺得跟這座城市的磁場很合，自然就會想盡辦法留下來。哪怕工作再難找，天氣再冷或再熱，都願意排除萬難，讓自己融入當地，成為它的一部分。

隨筆小記 × NOTES

「出發前萬事俱備，落地後只欠東風」

出發前認真找資料、做功課，相信這些努力，最終在澳洲落地後會迅速的開花結果。花時間所累積起來的心血不會白費，不是用不到，只是時候未到！事先準備越多，了解越充足，在許多分歧點上需要做選擇時，就更不容易下錯判斷，耽誤到寶貴的澳洲時間。時來運轉，「丞相，起風了！」澳洲生活自然容易上軌道。

最後，給所有準備出發澳洲的旅人－祝你們都能擁有一段精彩難忘的異國之旅。

破除台灣人對澳洲打工度假 常見的四個迷思

回歸台灣社會後，每當聊起我去澳洲打工度假的經歷，才發現澳洲開放簽證以來，已經有 10 多年的歷史了，但是大多數人對打工度假還是抱持許多過往的迷思。不僅是上年紀的中年人（父母幫子女問），連對澳洲打工度假有嚮往的年輕人也是如此。

❶ 澳洲打工，一落地就有工作？ NO！

❷ 澳洲打工，是真能年薪百萬？ YES！BUT……

❸ 澳洲打工，當地物價高？ NO！BUT……

❹ 澳洲打工，英文能力真能變好？ ALL UP TO YOURSELF！

本文就來破除一些台灣人對於澳洲打工度假常見的四個迷思。

澳洲政府只負責發簽證，不負責落地後的工作

很多台灣人對打工度假的理解，就像是來台灣工作的外勞，是由當地仲介跟台灣仲介相媒合，然後就到台灣來工作。相對於外勞付錢就媒合好工作，雇主安排好住宿；澳洲打工度假則是澳洲政府只負責發放簽證，其他的生活起居、工作安排都是自己處理。

遠渡重洋到澳洲打工度假的背包客，比較像是去外地打拚的遊子，生活與工作都是從零開始，房子、工作要自己找，生活要自己顧，三餐要自己照料。

只不過澳洲打工從零開始的難度，難於北漂打拚的遊子。不只事前須處理好的簽證申請、體檢、保險、護照、國際駕照、機票等，還要將台灣一切事情給打點好；落地後還要用英文找租、找工、申請三大號（銀行帳號、手機門號、稅號）、買車評估等；除了有錢燒完就須提前登出澳洲的壓力，還有孤身一人在外擔心受騙、被歧視等難題。

當面臨須找親友協助的困難時，若人在台灣北漂，只要一通電話、一張車票，就能和國內的親朋好友相見並請求幫助；但若身在澳洲，親友的支援可謂遠水救不了近火，能提供的幫助有限。因此異國打工的背包客和北漂遊子所面臨的處境很相似，只是出國打工更考驗一個人獨自面對及解決問題的能力。

所以與其用外勞的角度看背包客，還不如用北漂遊子的角度看旅澳打工的背包客，會比較貼切與實際。

② 第一桶金好賺，但不好存

「賺」到第一桶金很簡單，但「存」到百萬就難上許多。不論賺多賺少，背包客在稅制上就要先上繳15%的最低賦稅門檻，剩下的稅後薪資，才得以支付當地的食衣住行等生活花費，除非身兼多職，或是克制慾望，才有可能在最短的時間存到年薪百萬。

稅要繳多少可以算，生活費可以省，但是澳幣長年貶值的問題卻不是我們可以控制的。澳幣自從2011、2012年的30元（台幣：澳幣＝1：30）跌到2022年的21元左右（2020年3月一度跌到16元）。以一個2012年來澳洲打工的背包客，為了等澳幣回升到30元，這些年來反而會越套越深，最慘的狀況只會得到縮水近半的澳幣資產。

宏觀是我們必須接受的，微觀才是我們能有所作為的。因此即便再怎麼努力，外匯問題仍是無法改變的最大關鍵變數。不過與台灣相比，澳洲年薪百萬的門檻相對容易達到，只要認真存，存錢速度也比台灣快上許多。

同樣澳洲1年，有人賺了稅前百萬；有人賺了稅後百萬；有人存了稅後百萬，你說誰比較厲害？打工度假簽證開放至今已有十來年，仍然很多人搞錯問題的重點。

3 澳洲物價其實不高

從台灣的薪資水準看澳洲物價的話，會給人東西很貴的第一印象；如果從澳洲當地的薪資水準來看，其實跟台灣的物價水準差沒多少。

對於沒去過澳洲且對澳洲沒概念的人來說，下意識都會用台灣的薪資所得去看待澳洲的物價水準。其實到當地打工，領的是澳洲的薪資水準，因此用澳洲的薪資角度來看當地的物價水準，較不會有所偏頗。

「單」看「物價」的話，跟台灣實際上差不了多少，有些商品跟台灣的價格相比，甚至還比台灣便宜。

飲料	區域	費用	運用工時計算
珍奶	台灣	台幣50元	約每小時最低時薪的三分之一（2022年為168元/小時）。
	澳洲	澳幣6～7元	約每小時最低時薪的三分之一（2022年正職為21.38澳幣/小時；臨時工為26.72澳幣/小時）。

正餐	區域	費用	運用工時計算
便當	台灣	一個台幣80～100元不等	大概要工作30～40分鐘才能吃到。
蘭州牛肉麵	澳洲	一碗澳幣13.5元	大概要工作30～40分鐘才能吃到。

不僅是加工食品，澳洲的一級產業很發達，所以像是牛奶、肉品都比台灣便宜，且由於當地人不吃動物的內臟（雞肝、豬肝等）及魚頭等物，因此這類食物，在當地不受喜愛，導致價格比台灣低上許多。

還有國際商品，像是賣到全球的Switch和Apple、三星、NIKE等品牌的商品，為防止有心人士做跨國買賣賺價差，破壞價格行情，因此國際商品通常會針對各國匯率，做統一訂價。

各國、各地、各通路通常也會限制無法跨國宅配，以防匯差問題導致的價差，或打折促銷的活動出來時，有心人士透過活動低價取得商品，再轉寄或轉賣到其他國家賺價差，導致破壞行情的狀況發生。

以iPhone 14（128GB）的規格為例，在台灣的Apple官方價格為台幣27900元，在澳洲官網則標價澳幣1399元，以台幣兌澳幣約為1：21來看，澳幣1399元大約為台幣29379元左右，與台灣僅有台幣1479元的價差。

以薪資水準相比，台灣目前法定最低月薪26.4K來看，即便1個月不吃不喝，行光合作用，終究無法在1個月內買到iPhone 14；反觀在澳洲領最低法定薪資，以稅後每小時澳幣22.71元來看（背包客通常領的是臨時工薪水），1週38小時就有863澳幣的週薪，不用2週就能買一支iPhone 14。

以我實際在澳洲每週存500澳幣的進度條來看，確實只需要2週多就能買到一支iPhone 14；反觀在台灣，以二十五～二十九歲的薪資中位數來看（澳洲打工度假簽證限制在三十一歲以前，因此取二十五～二十九歲的區間比較），40K的月薪（47.9萬除以12個月）省吃儉用一點，才可能壓在1個月內存到一支iPhone 14的錢。

可能有些人覺得用iPhone 14舉例有些不妥，畢竟不是每個人存錢就是為了買iPhone。上述例子只是想告訴大家，在國際商品的統一定價下，台灣與澳洲的薪資差異所導致購買力的差異。購買力的差異不僅在手機上能看到，更能套用到其他的3C產品與家電上，也同樣能沿用在國際運動品牌的球鞋、服飾品牌的衣褲等，概念都大同小異。

因此在國際商品價格普遍都差不多的情況下，薪資所得越高的國家，國際商品的價格更顯得便宜。更不論像澳洲這樣的資源大國，還擁有極低的進口關稅，讓本地貨及舶來品在價格上不像台灣差異甚大。

從民生用品、3C產品一直到奢侈品，基本上價格都跟台灣差不多，只是用當地的薪資水準去看，就顯得夠有競爭力（就是夠便宜的意思）。這也是

為什麼有些背包客來到澳洲後，看到很多在台灣買不起的商品，在澳洲賺到錢後就開始肆意揮霍、買到失心瘋的原因。因此有些人回到台灣後，終究身無分文，當問起：「怎麼存不下錢？是澳洲生活花費太高嗎？」你會得到類似的回應：「錢沒有不見，它只是變成我喜歡的樣子。」

那常常聽到澳洲東西很貴，是在貴什麼？貴在物價之上，疊加人的服務、技術、知識或加工費用。像是高級餐館、醫生、水電工、律師等這類著重在「人的附加價值」的部分，讓消費者除了物質之外，額外為人所提供的附加價值買單。

在當地有點檔次的餐館，連當地人都嫌貴，除非遇到假日或特別的日子，才會久久吃一次；在澳洲為了跟醫生說話，就必須先付澳幣100～300元的掛號費（台幣2000～6000元），問診結束後，醫生會再針對病患的狀況在開一個沒有上下限的門診費用（手術、藥物等等）。

 4　在澳洲待個一、兩年，不代表英文會變好

各國都有所謂的「唐人街」，墨爾本也有所謂的「亞洲區」，像是越南區的Springvale、華人區的Box Hill、中東區的Dandenong等。

待在跟自己家鄉差不多的環境有什麼好處？講著相同語言、差不多的飲食習慣、熟悉的生活作息與文化觀念，可以降低不安全感，相對的只是從原先的舒適圈，轉換到另一個舒適圈待著而已。

就跟台灣的外勞一樣，大部分時間都是自成一群集體行動，很少跟台灣人互動。有些背包客到了澳洲，會極小化用英文溝通的機會，所以即便來到英文國度，還是跟華人混在一起，有事就靠英文好的朋友扛。

以自己狀況為例。

◆ **工作不穩定時**，曾遇到越南、錫蘭、印度、澳洲的主管。
◆ **買車時**，遇到英國、印度、澳洲的車主。

◆ 在農場當採手時，老闆與直屬主管都是當地人；支援其他單位時，遇到印度、馬來西亞的主管。

◆ 採果團隊中，有來自日本、馬來西亞、印尼、泰國、越南等地的背包客。

◆ 其他單位裡，則有來自西班牙、英國、德國、索羅門群島的背包客同事。

◆ 最後半年都住在六十歲的澳洲老婦人家，每天都在用英文聊天，偶爾起衝突時，還要用英文解釋與吵架。

不論遇到哪國人，大家的共通語言就是英文，再加上一點身體語言當作溝通工具。因此除了多益常見的幾個口音外，各國口音也聽了許多，聽久之後就習慣成自然。

所以去澳洲打工度假英文就會變好嗎？那可不一定！取決於自己塑造怎麼樣的生活與工作環境。

你可以選擇華人房東、華人房客、華人老闆、華人同事；也可以選擇澳洲房東、新加坡老闆、印度主管、歐洲同事。過個一、兩年，不僅英文程度差異出來，比起待在同溫層，將自己放在有著來自不同國家與種族的環境中，也更能學會尊重、包容他人的文化與多樣性。

就像我簡單學了日文跟泰文的 1 ～ 10 怎麼唸，也驚訝於原來日本、泰國跟台灣對於熟人與陌生人叫名字的方式有極大不同：台灣一般都叫全名，熟的會省略姓；日本只會叫姓氏，熟的才能叫名字；泰國只能叫名字，熟的才能加上姓氏。

我也才知道原來被我們稱為「歐」「美」的西方世界，其實那裡也有英文很差的人，像是來自歐洲非英語系國家的背包客。因為歐洲大陸上有許多國家林立，各國都有各自的母語，第二語言沒有非要學英文不可，而是根據自己的興趣與未來考量，決定要學習哪國語言。一個西班牙人，未來若想去義大利學設計，他會學習義大利文當作他的第二語言；一個葡萄牙人，想去倫敦從事金融工作，他在英文與德文間，自然會優先選擇英文當作第二語言。

學英文的方式很多，即便工作時面對的都是農作物，或常用的專業術語就那幾個英文單字，還是能透過與來自世界各地的朋友互動來練習英文，然後發現大家的英文其實都差不多爛！所以大家不太會用艱澀的單字聊天，即

便聽不懂印度腔、日式英文，大部分一個句子只需要聽得懂幾個關鍵字，再配合身體語言，就能大致理解對方想要表達的意思。

就像是我知道自己的口說英文很差，不會用片語、時常會忘記用過去式，問句還忘記要用倒裝句，但我的主管與同事們還是能跟我溝通。主要是因為他們都聽關鍵字，以及讀懂我的身體語言，而我也是用相同的方式去理解他們說的話是什麼意思。

透過環境的塑造，將自己沉浸在全英文的環境中，長期下來英文能力自然能有所進步。因此英文爛的人真的不用擔心，來都來了，就當作來補強英文能力。

隨筆小記 × NOTES

出發澳洲前要先打破錯誤的迷思

「如果人生很短，那青春就是一瞬間！」青春流逝就跟打工度假的年齡限制一樣，一去不復返，錯過就一輩子都沒機會了。

對澳洲打工度假有所嚮往，但心懷恐懼、猶豫的羔羊啊，希望本篇破解了這四個台灣人對澳洲打工度假常見的迷思後，能改變你對澳洲躊躇不前的「思想」與「觀念」。

澳洲年薪百萬的神話與實話：
一次搞懂澳洲近年來的薪資、
稅制與匯率變化

澳 洲的財政年度（Financial Year）採跨年制，從當年7月到隔年6月。因此趁著2022年7月報稅季開始之際，就從所得級距的調升產生稅後薪資的變化，來探討薪資所得及換算台幣後的薪資變化。

　　搭配2022年最新實施的法定最低薪資，以及最新1年的匯率，方方面面把背包客最關心的三大議題：薪資、稅制及匯率都分析過。以供目標很明確就是去澳洲把「賺錢」當作第一優先的背包客參考。

　　因此這篇文章將從澳洲所得的角度，來深入探討跟廣大背包客至關重要的三個宏觀議題：薪資、稅制及匯率。

❶ 薪資代表能期待的「法定」「最低」薪資有多少。

❷ 稅制代表繳完稅後「實拿」的薪資有多少。

❸ 匯率代表澳幣能換回等同多少價值的台幣。

① 法定最低薪資

　　根據維基百科〈Minimum wage law〉的資訊，關於澳洲2007 ～ 2022年的法定最低薪資變化，請參考以下表格。

YEAR	WAGE (per hour)	WAGE (per week)	Grow %
2007	$13.74	$522.12	-
2008	$14.31	$543.78	4.15%
2009	$14.31	$543.78	0.00%
2010	$15.00	$569.90	4.82%
2011	$15.51	$589.30	3.40%
2012	$15.96	$606.40	2.90%
2013	$16.37	$622.20	2.57%
2014	$16.87	$640.90	3.05%
2015	$17.29	$656.90	2.49%
2016	$17.70	$672.70	2.37%
2017	$18.29	$694.90	3.33%
2018	$18.93	$719.20	3.50%
2019	$19.49	$740.80	2.96%
2020	$19.84	$753.80	1.80%
2021	$20.33	$772.60	2.47%
2022	$21.38	$812.60	5.16%

　　從上表可以看到，時薪經歷漫長的調漲後，2022年的薪資調幅為近15年來最大的一次！在假設法定最低薪資的情況下，以每週法定38小時的標準工時來看，2022年的週薪持續創歷史新高。

　　由於大部分背包客比較少獲得正職／全職（Full Time）工作，臨時工（Casual）反而才是大宗。兩者差別在於臨時工少了正職的諸多福利，相對的，最低基本時薪會比正職高上1.25倍（Casual Minimum Wages = Full Minimum Wages × 1.25）。

YEAR	WAGE (per hour)	WAGE (per week)	Casual (per hour)	Casual (per week)
2007	$13.74	$522.12	$17.18	$652.65
2008	$14.31	$543.78	$17.89	$679.73
2009	$14.31	$543.78	$17.89	$679.73
2010	$15.00	$569.90	$18.75	$712.50
2011	$15.51	$589.30	$19.39	$736.73
2012	$15.96	$606.40	$19.95	$758.10
2013	$16.37	$622.20	$20.46	$777.58
2014	$16.87	$640.90	$21.09	$801.33
2015	$17.29	$656.90	$21.61	$821.28
2016	$17.70	$672.70	$22.13	$840.75
2017	$18.29	$694.90	$22.86	$868.78
2018	$18.93	$719.20	$23.66	$899.18
2019	$19.49	$740.80	$24.36	$925.78
2020	$19.84	$753.80	$24.80	$942.40
2021	$20.33	$772.60	$25.41	$965.68
2022	$21.38	$812.60	$26.73	$1,015.55

從上表可看出，不論是正職或臨時工，在法定最低薪資的制度上都是受益者。尤其是臨時工，法定最低週薪在2022年突破1千元大關！但在稅務級距不變下，薪資越高代表越容易達到下一階段的累進稅制，須繳的稅也越多。

② 新、舊稅制

2017年以前，稅務的級距沒有如此差別，都是比照稅務居民。根據澳洲稅務局ATO官方公告，打工度假簽證2022～2023年的稅率表如下。

Working holiday makers income tax rates for 2022 ～ 2023

年所得（澳幣 AUD）	稅率級距（累進稅率）
$0 ～ $45,000	15%
$45,001 ～ $120,000	33%
$120,001 ～ $180,000	37%
≧$180,001	45%

　　若先不考慮級距的課稅問題，來看看基本15%稅率下的時薪及週薪變化（由於大部分背包客都是領Casual的薪資，因此僅列出臨時工薪資的部分）。

YEAR	Casual（per hour）	Casual稅後（per hour）	Casual（per week）	Casual稅後（per week）
2007	$17.18	-	$652.65	-
2008	$17.89	-	$679.73	-
2009	$17.89	-	$679.73	-
2010	$18.75	-	$712.50	-
2011	$19.39	-	$736.73	-
2012	$19.95	-	$758.10	-
2013	$20.46	-	$777.58	-
2014	$21.09	-	$801.33	-
2015	$21.61	-	$821.28	-
2016	$22.13	-	$840.75	-
2017	$22.86	$19.43	$868.78	$738.46
2018	$23.66	$20.11	$899.18	$764.30
2019	$24.36	$20.71	$925.78	$786.91
2020	$24.80	$21.08	$942.40	$801.04

YEAR	Casual（per hour）	Casual 稅後（per hour）	Casual（per week）	Casual 稅後（per week）
2021	$25.41	$21.60	$965.68	$820.82
2022	$26.73	$22.72	$1,015.55	$863.22

2017 年開始，打工度假簽證不論薪資多寡，最低稅率一律 15%。

徵稅的方式是雇主直接將 15% 的部分代扣繳。因此在正常合法的情況下，每次實際入帳的薪資都應是稅後薪資所得。由上表可以看到，雖然每年法定稅前最低薪資逐年提高，但從 2017 年開始實施新稅制後，有如下的發現。

❶ 基本時薪：2022 年調薪後，實際到手的稅後時薪才達到改制前的水準。

❷ 週薪：背包客實際到手的稅後薪資，同樣僅回到 2017 年的水準。

接著假設 1 年 52 週，扣掉國定假日等，算 1 年工作 50 週、每週 5 天、共 38 小時來看，在原有的舊稅制及 2017 年新稅制上有什麼變化。

YEAR	Casual（per hour）	Casual（per week）	Casual 1 Year（50 week）	Casual 稅後（per year）	所得稅額（per year）
2007	$17.18	$652.65	$32,632.50	$29,890.33	$2,742.18
2008	$17.89	$679.73	$33,986.25	$30,986.86	$2,999.39
2009	$17.89	$679.73	$33,986.25	$30,986.86	$2,999.39
2010	$18.75	$712.50	$35,625.00	$32,314.25	$3,310.75
2011	$19.39	$736.73	$36,836.25	$33,295.36	$3,540.89
2012	$19.95	$758.10	$37,905.00	$34,038.88	$3,866.13
2013	$20.46	$777.58	$38,878.75	$34,696.16	$4,182.59
2014	$21.09	$801.33	$40,066.25	$35,497.72	$4,568.53
2015	$21.61	$821.28	$41,063.75	$36,171.03	$4,892.72
2016	$22.13	$840.75	$42,037.50	$36,828.31	$5,209.19
2017	$22.86	$868.78	$43,438.75	$35,796.16	$7,642.59

2018	$23.66	$899.18	$44,958.75	$36,822.16	$8,136.59
2019	$24.36	$925.78	$46,288.75	$37,719.91	$8,568.84
2020	$24.80	$942.40	$47,120.00	$39,681.00	$7,439.00
2021	$25.41	$965.68	$48,283.75	$40,466.53	$7,817.22
2022	$26.73	$1,015.55	$50,777.50	$42,149.81	$8,627.69

2007 ～ 2016 年為舊稅制；2017 ～ 2022 年是新稅制。

由上表得知，稅前薪資就如每年調薪一樣，每年持續增長。但是換算成稅後薪資，尤其是 2017 年是新舊制的一個分水嶺，可以看到最後一欄的繳稅額大幅提升！

實拿的稅後薪資在 2017 年的新稅制下回到 2014 年的水準，直到 2019 年才開始重回高點，來到歷史新高並持續至 2022 年。在 2022 年調薪後，可以發現背包客要繳的稅也同樣來到歷史新高！

可以說澳洲政府的這一手很厲害，每年調升法定最低時薪，讓薪資水準長年都在跟盧森堡角逐世界第一的寶座。正因為擁有世界第一的薪資水準，澳洲每年吸引許多背包客慕名而來，也吸引各國種族移民定居。澳洲看似世界第一的薪資水準背後，透過稅制的調整，是為了讓背包客更容易達到 32.5% 的級距標準，從而達到政府稅收收益最大化的目的。

YEAR	Casual 稅後（per year）	所得稅額（per year）	達到18200級距（週）	達到37000級距（週）	達到45000級距（週）
2007	$29,890.33	$2,742.18	27.9	-	-
2008	$30,986.86	$2,999.39	26.8	-	-
2009	$30,986.86	$2,999.39	26.8	-	-
2010	$32,314.25	$3,310.75	25.5	-	-
2011	$33,295.36	$3,540.89	24.7	-	-
2012	$34,038.88	$3,866.13	24.0	48.8	-

YEAR	Casual 稅後（per year）	所得稅額（per year）	達到18200級距（週）	達到37000級距（週）	達到45000級距（週）
2013	$34,696.16	$4,182.59	23.4	47.6	-
2014	$35,497.72	$4,568.53	22.7	46.2	-
2015	$36,171.03	$4,892.72	22.2	45.1	-
2016	$36,828.31	$5,209.19	21.6	44.0	-
2017	$35,796.16	$7,642.59	-	42.6	-
2018	$36,822.16	$8,136.59	-	41.1	-
2019	$37,719.91	$8,568.84	-	40.0	-
2020	$39,681.00	$7,439.00	-	-	47.8
2021	$40,466.53	$7,817.22	-	-	46.6
2022	$42,149.81	$8,627.69	-	-	44.3

每年調高基本薪資，只是加快達到澳幣45000元累進稅制的週數。

從上表可以看到，2007～2011年基本薪資低於37000元，稅制級距僅落在18200元的區間；2012年開始達到37000元的累進稅額，直到2017年新稅制，取消打工度假18200元的級距，改成37000元以下直接繳15%。

2020年疫情爆發後，為了吸引背包客留在澳洲，所得級距全面上調。即便如此，背包客繳的稅金仍維持在歷史高點。2022年調薪後，背包客該繳的稅額仍創歷史新高，且比起去年，達到45000元級距的門檻更縮短了2週。

對澳洲政府來說，在課稅標準不變的前提下，提高基本薪資有利於背包客盡早達到級距目標，最終提高政府稅額收入。重點是：稅前薪資沒翻1倍，繳的稅卻翻了1倍多！

澳洲政府的最終目的，還是為了要將稅收收益最大化，所以如果因為高稅率導致背包客卻步，也不是他們樂見的結果。因此2020年開始所得級距上調，短期看似稅收減少，長期來看只要能透過「高薪資＋低稅率（所得級距上調）」吸引各國背包客慕名而來，總稅收的餅仍會逐漸擴大。套一句股市用語就是「短空長多」，最終目的還是為了要將稅收收益最大化。最後的結

果就是：<mark>打工度假的「稅前」薪資是成長了，但大部分的薪資漲幅都落進了澳洲政府的口袋。</mark>

看到這裡，如果還沒顛覆你對澳洲打工高所得的幻想，最後再來分享一個近年來背包客們感受最深的狀況：澳幣越跌越低。

 扶不起的澳幣

2020年3月初，澳洲準備爆發第二波疫情，澳幣的幣值跌到近年新低，澳幣兌台幣來到1：16.xx的慘況，5個月後的8月1日，澳幣又站回1：21。直到2022年7月，澳幣仍在20～22元間載浮載沉，不時還會落到20元以下。

對當地及長期居住澳洲的居民來說，澳幣的漲跌可能對他們影響不大，但對大多數只在澳洲待幾年的背包客來說，我們終究只是過客，時間到了就要回到原先的居所，並將澳幣換回台幣。可以說澳幣的外匯變化，便是與背包客切身相關的議題。

前面分析完法定薪資（可期待薪資）及薪舊稅制（實拿薪資）後，最後來探討澳幣的外匯問題（相對價值）。尤其是最近幾年來，薪資與澳幣幣值成巨大反比，薪資成長的同時澳幣卻長年走跌，可以說是「賺了時薪，賠了匯差」。沒人希望自己努力掙得的薪資，最後貶到一文不值，因此最後來看看這些年來，澳幣長年走低對薪資有何影響。

澳洲每年調薪的正式上路日期為7月1日，為了方便計算，匯率就不抓每年平均價格，而是同調薪日期，以每年的7月1日為基準，抓當天的買入及賣出值，然後取平均作為當年度的澳幣價格。匯率歷史資料從《比率網：澳幣匯率歷史》抓出各年7月1日（如遇週末，以下個工作天為主）匯率價格，如下表所示。

TWD/AUD	現鈔買入	現鈔賣出	即期買入	即期賣出	AUD均價
2007/7/2	27.59	28.46	27.91	28.11	28.02
2008/7/1	28.54	29.43	28.87	29.07	28.98

TWD/AUD	現鈔買入	現鈔賣出	即期買入	即期賣出	AUD 均價
2009/7/1	26.07	26.89	26.37	26.57	26.48
2010/7/1	26.63	27.3	26.85	27.05	26.96
2011/7/1	30.45	31.15	30.67	30.9	30.79
2012/7/2	30.25	30.95	30.47	30.7	30.59
2013/7/1	27.17	27.8	27.36	27.59	27.48
2014/7/1	27.94	28.59	28.14	28.37	28.26
2015/7/1	23.52	24.14	23.73	23.96	23.84
2016/7/1	23.73	24.39	23.92	24.15	24.05
2017/7/3	23.01	23.67	23.2	23.43	23.33
2018/7/2	22.11	22.89	22.38	22.61	22.50
2019/7/1	21.29	22.07	21.56	21.79	21.68
2020/7/1	20.06	20.84	20.33	20.56	20.45
2021/7/1	20.51	21.29	20.8	21	20.90
2022/7/1	19.85	20.63	20.14	20.34	20.24

有了基準後，我們來看2007 ～ 2022年，稅前、稅後的時薪和週薪變化。

YEAR	Casual（per hour）	Casual 稅後（per hour）	TWD（per hour）	TWD 稅後（per hour）	AUD 均價	Casual（per week）	Casual 稅後（per week）	TWD（per week）	TWD 稅後（per week）
2007	$17.18	-	$481	-	$28.02	$652.65	-	$18,286	-
2008	$17.89	-	$518	-	$28.98	$679.73	-	$19,697	-
2009	$17.89	-	$474	-	$26.48	$679.73	-	$17,996	-
2010	$18.75	-	$505	-	$26.96	$712.50	-	$19,207	-
2011	$19.39	-	$597	-	$30.79	$736.73	-	$22,686	-
2012	$19.95	-	$610	-	$30.59	$758.10	-	$23,192	-
2013	$20.46	-	$562	-	$27.48	$777.58	-	$21,368	-

YEAR									
2014	$21.09	-	$596	-	$28.26	$801.33	-	$22,645	-
2015	$21.61	-	$515	-	$23.84	$821.28	-	$19,577	-
2016	$22.13	-	$532	-	$24.05	$840.75	-	$20,218	-
2017	$22.86	$19.43	$533	$453.33	$23.33	$868.78	$738.46	$20,266	$17,226
2018	$23.66	$20.11	$532	$452.50	$22.50	$899.18	$764.30	$20,229	$17,195
2019	$24.36	$20.71	$528	$448.90	$21.68	$925.78	$786.91	$20,068	$17,058
2020	$24.80	$21.08	$507	$431.03	$20.45	$942.40	$801.04	$19,270	$16,379
2021	$25.41	$21.60	$531	$451.45	$20.90	$965.68	$820.82	$20,183	$17,155
2022	$26.73	$22.72	$541	$459.78	$20.24	$1,015.55	$863.22	$20,555	$17,472

2007 ～ 2022 年稅前、稅後的時薪與週薪變化。

新稅制不論薪資多少都至少抽15%的稅率，所以很好計算；舊稅制若不採年薪制來看的話，變動值會太大。因此舊稅制下無法換算成稅後時薪或週薪進行比較。

單純看澳幣的部分，法定薪資調漲，因此歷年來底薪都是向上成長；反觀用台幣來看就不是這麼一回事，可以發現「稅前」薪資最高的幾年落在2011 ～ 2014年。即便2022年調薪後，以台幣來看，仍然輸給匯率高的幾個年分。因此可以說，享受到薪資成長紅利的主要是在澳洲當地生活的人，像我們這種過客反而因為匯差問題，稅前薪資倒退到2011 ～ 2014年的水準。

更不論在台幣的基準下，用新稅制的稅後薪資去跟舊制度的稅前薪資去比較，會發現2022年的薪資水平還不如2007年的水準。為了公平比較，最後以年薪為基準。在澳幣與台幣的基礎上，以1年52週，扣掉國定假日等，算1年工作50週、每週5天、共38小時來看稅前與稅後年薪變化（同上述稅率假設）。

YEAR	Casual（per hour）	TWD（per hour）	AUD 均價	Casual 1 Year（50 week）	Casual 稅後（per year）	TWD Year（50 week）	TWD 稅後（per year）
2007	$17.18	$481	$28.02	$32,632.50	$29,890.33	$914,281	$837,452
2008	$17.89	$518	$28.98	$33,986.25	$30,986.86	$984,837	$897,922
2009	$17.89	$474	$26.48	$33,986.25	$30,986.86	$899,786	$820,377

YEAR	Casual (per hour)	TWD (per hour)	AUD 均價	Casual 1 Year (50 week)	Casual 稅後 (per year)	TWD Year (50 week)	TWD 稅後 (per year)
2010	$18.75	$505	$26.96	$35,625.00	$32,314.25	$960,361	$871,111
2011	$19.39	$597	$30.79	$36,836.25	$33,295.36	$1,134,280	$1,025,247
2012	$19.95	$610	$30.59	$37,905.00	$34,038.88	$1,159,609	$1,041,334
2013	$20.46	$562	$27.48	$38,878.75	$34,696.16	$1,068,388	$953,450
2014	$21.09	$596	$28.26	$40,066.25	$35,497.72	$1,132,272	$1,003,166
2015	$21.61	$515	$23.84	$41,063.75	$36,171.03	$978,857	$862,227
2016	$22.13	$532	$24.05	$42,037.50	$36,828.31	$1,010,897	$885,629
2017	$22.86	$533	$23.33	$43,438.75	$35,796.16	$1,013,317	$835,035
2018	$23.66	$532	$22.50	$44,958.75	$36,822.16	$1,011,459	$828,406
2019	$24.36	$528	$21.68	$46,288.75	$37,719.91	$1,003,424	$817,673
2020	$24.80	$507	$20.45	$47,120.00	$39,681.00	$963,486	$811,377
2021	$25.41	$531	$20.90	$48,283.75	$40,466.53	$1,009,130	$845,751
2022	$26.73	$541	$20.24	$50,777.50	$42,149.81	$1,027,737	$853,112

用年薪當基準來看薪資、稅制及外匯，三者差異就明顯出來了。

從澳幣的角度看，薪資成長的紅利僅限於在當地居民，與先前的結論一樣。反之背包客因為稅制改變，2017年的稅後薪資還回到2014年的水準，直到2019年之後才持續創歷史新高。

繼2020年提高所得稅級距門檻，所得稅進一步減少，以及2021年基本時薪上調，背包客的稅後薪資才終於站上4萬元大關。反觀將薪資換算成台幣計價，可以看到薪資水準不進反退，稅前薪資受到匯率的影響，年薪的高峰是在2011年、2012年及2014年。即便2022年薪資調漲後，薪資水平仍回不到2011 ~ 2014年的高峰，可以說是「失落的黃金10年」；稅後薪資仍因為匯率的問題，2022年的稅後薪資仍是倒退10年啊！

可以說，假設匯率不會有太大波動的情況下，未來1年台灣背包客在澳洲

打工「可預期」的「稅後」年薪僅有2009～2010年的水準而已，離澳幣全盛時期的年薪百萬仍有十來萬元的差距。

4　稅前百萬很好賺，稅後百萬才是挑戰

澳洲雖然有著世界第一高的基本薪資，但因為稅率及匯率問題，前往澳洲賺第一桶金的難度來到近年高點。即便表面上法定最低薪資來到歷史新高，但匯率卻處於近年低點，再搭配2017年實施的新稅制，錢沒賺1倍，稅先多繳了快1倍，等於多賺的錢都入了政府的口袋。

所以基本薪資創新高有何用？不都被稅率與匯差給毀了。奉勸還在考慮來澳洲打工度假的人，請先確定自己來澳洲的目的到底是什麼：是出國開眼界？體驗異地生活？還是賺第一桶金？

如果是打算來賺第一桶金的，即便所得稅級距有所上調，澳洲整個大環境（匯率）跟制度（稅制）對背包客仍極不友善。相對的，2020年澳洲碰上疫情跟貿易戰，2020～2022年在澳洲打工的背包客仍可以賺到「缺工紅利」。

疫情導致的出入境不便，讓澳洲面臨嚴重缺工，澳洲政府透過延長簽證期限，或是加開臨時簽證延長居留時間，希望藉此吸引背包客及外國人留在澳洲，以維持當地的經濟運作。就連長年猖狂的黑工，在請不到人的情況下，在疫情期間也少上了許多。只能說，種種宏觀環境的利多（匯率與稅制除外），讓背包客的生存環境沒有往年般的嚴峻。

5　沒有不景氣，只有不爭氣

巴菲特的最佳合作夥伴——查理·孟格（Charlie Munger）曾說過：「宏觀是我們必須接受的，微觀才是我們能有所作為的。（Microeconomics is what we do and macroeconomics is what we put up with．）」翻成台灣諺語的意思就是：「沒有不景氣，只有不爭氣！」

我們無法控制經濟的不景氣，我們唯一能做的就是努力活在當下，關關難過關關過，將考驗當作墊腳石，苦盡甘來之時，就能品嘗到勝利的果實。

好工作很重要，有本事賺也很重要，在澳洲年薪百萬只是「時間」問題。畢竟選對季節，有本事做勞力活，3、4個月賺到百萬元的大有人在，只是每個人的運氣、毅力及努力的程度有所不同罷了。

所以，站在宏觀的角度來看，澳洲似乎沒有往年那麼好賺。但是站在人生閱歷的角度來看，澳洲適合來體驗一回看看，除了過程中看到不同的「景觀」視野外，也能順便提升自己的「人生」視野。

因此，如果來澳洲打工的首要目標是賺錢，除了付出勞力獲得薪資收入外，也別忘了要考量背後的「隱沒成本」，像是職涯中斷、放不下的親朋好友、應負的責任等，並切記每個選擇背後都有它的代價。

不論最終選擇待在台灣還是過來澳洲，不忘一句老話：「請對自己的選擇負責！沒有人有義務為你的選擇善後擦屁股！」真要決定來澳洲打拚之前，還請先在台灣三思、三思、再三思。

澳洲打工，1週「至少」要賺多少錢？

「1週賺多少才夠？」這是我來澳洲後，最常被問到的一個問題。

我總是回：「錢沒有在嫌多的，當然是越多越好！能週週破千是最好啦！」．

如果賺不到那麼多錢，那1週「至少」要賺多少才夠？每當有人問我類似的問題時，我都認為這只是個假議題。畢竟，能發大財誰不要？但如果不能發大財的話，「最起碼要賺多少」卻是很少人有的概念。最起碼，要夠基本的生活開銷吧？

相信很多背包客千里迢迢來到澳洲，不只是求個溫飽而已，最好是在「打工」與「度假」之後，回國時還能存有一筆小積蓄。本篇針對澳洲2022年的法定最低薪資部分進行分享，以探討在法律的底線下，背包客「合理」期望的「最低」薪資該有多少。

1 關於澳洲的會計年度

進入正題前，先做個背景知識的補充，讓大家了解為什麼澳洲每年的調薪都是選在7月開始實施，而非像台灣選在元月執行。

財政年度，又稱會計年度，是指國家每年制定預算或計算收入的統計時間。大致上可分成兩類：曆年制與跨年制。

澳洲的會計年度（Financial Year）並非走曆年制（當年度1月到12月），而是採跨年制（當年7月到隔年6月），所以才有年「中」、年「終」與我們認知相反的情形。

每年澳洲綜所稅的計算方式，也都是從前1年的7月算到當年6月，然後從7月到10月為開始所謂的報稅季。

所以站在會計年度的角度而言，台灣的年中，在澳洲只是年「初」，這也是為什麼許多法令都選在7月實施的緣故。而每年法定最低薪資的調漲，通常也在每年的6月發布消息，7月開始實施。

澳洲法定最低薪資

根據澳洲官方公平工作調查專員署（Fair Work Ombudsman, FWO）於2022年6月下旬發布的消息：2022年7月1日起，法定最低薪資為稅前每小時21.38元，跟去年20.33的時薪比起來，薪資調幅達到5.2%。在每週法定38小時的標準工時下，最低週薪則為812.60元。

由於臨時工（Casual）不像全職（Full-time）有額外福利，像是每半年1週的有薪假（特休）、有薪病假等，而且基本上只要沒上工就等於沒收入，所以政府在法定最低薪資的基礎上，額外加上25%當作「補助津貼」，也就是稅前時薪26.725元（21.38×1.25），才是臨時工的基本底薪。

通常背包客工作類型不外乎有全職（Full-time）、工讀（Part-time）、臨時工（Casual）及計件制（Piece Rates），而不論哪種工作類型，從2017年的澳洲新稅制開始，針對打工度假簽證的背包客，只要是合法工作，不論賺多賺少，政府「最少」都會從中抽取15%的所得稅。

根據澳洲稅務局ATO官方公告，打工度假簽證2022 ～ 2023年的稅率表如下。

Working holiday makers income tax rates for 2022 ～ 2023	
年所得（澳幣 AUD）	稅率級距（累進稅率）
$0 ～ $45,000	15%
$45,001 ～ $120,000	33%
$120,001 ～ $180,000	37%
≧$180,001	45%

　　澳洲每年的報稅季節在7/1 ～ 10/31，與疫情前相比，所得級距在2020年時向上調整過一次。**對打工度假的背包客來說，級距上調代表能多留一點錢進自己的口袋，而對缺工的澳洲來說，則是多一點吸引背包客留在澳洲的誘因。**

　　那麼，1週「至少」要賺多少錢？對於稅前與稅後時薪有所了解後，我們就能開始探討1週最少要賺多少才算是「法定低標」。

　　澳洲法定1週的標準工時為38小時，超過則有額外加班費，因此我們照著法律走，用法定基本薪資與標準工時，以及搭配15%的稅率做計算。

◆ **正職 Full-Time：**稅前澳幣21.38元/小時→澳幣812.4元/週；或是稅後澳幣18.17 /小時→澳幣690.54元/週。

◆ **臨時工 Casual：**稅前澳幣26.725元/小時→1015.55元/週；或是稅後澳幣22.72 /小時→澳幣863.2元/週。

　　最後得知，在法定最低薪資下，週薪的落點約在稅前澳幣812 ～ 1015元，或是稅後澳幣690 ～ 863元。所以從上述結果得知，如果人正在澳洲打工度假，但是週薪如果沒有達到法定稅後澳幣690 ～ 863元的低標，或許你要趕緊考慮找下一份工作。

　　尤其是即將入秋、入冬之際，必須趕緊找到一份穩定的工作。進入淡季的澳洲，工作只會越來越難找，有些工作甚至時數會越來越短，除非旺季能將淡季的週薪補回來，就像我待的番茄場狀況一樣，淡季每週薪資只有澳幣400 ～ 500元左右，都是靠旺季拉平均，最後才將薪資平均拉到1週澳幣760元左右。

因此，如果週薪能維持四季穩定在稅後澳幣690～863元甚至更高，除非職業倦怠或是工作環境氣氛不佳，否則不要隨便換工作，你只會後悔！

另外，如果是打黑工或是薪水計件制的朋友，黑工通常因為薪資低，必須用高工時才能達到最低標準；計件制則是要每週薪資除上工作時數，才能知道自己的薪資有沒有達到法定最低標準。

如果目前的工作屬於上述兩種不達法律底線的敘薪方式，或許你該考慮要不要換份工作，因為你值得更好的薪水，倘若現階段找不到更好的，過渡期只能將就點騎驢找馬，加減賺一點工作經驗。

③ 關於稅前與稅後薪資

通常我不會把稅前薪資當作基準，就像每週在預估時數跟績效獎金時也是，稅前薪資是虛的，只有稅後到手的薪資才是真的！當我說在澳洲賺了「稅前」台幣100萬元跟「實拿」台幣100萬元，稅前稅後的落差為台幣15萬元，說出來氣勢也不一樣！

說這麼多，想表達的是，只有實際到手的薪資才是真的，剩下的雇主都幫你繳給澳洲政府當做「保護費」，用稅前計算薪資，只是幫自己多添一道計算85%實拿薪資的手續罷了。

④ 以台灣的角度來看澳洲薪資

澳洲大多都採週薪制，不像台灣採月薪制，因此可以把1週乘上四次，就大概是台灣1個月的薪資水準。

1週澳幣690～863元（稅後）

＝4週澳幣2760～3452元

≒1個月台幣55200～69040元（以匯率1：20計算）。

從上述結果可得知，如果是以「賺錢」為首要目標來澳洲打工度假，只要在台灣的月薪低於台幣55200～69040元這段區間，那就來吧！台灣的薪水不值得你留戀。畢竟澳洲近年來都是全世界法定基本薪資最高（或是前幾高）的國家，況且物價還不是世界最高，所得稅與其他高所得國家比較還相對較低。

另外，澳洲在2022年的薪資調幅達5.2%，調漲幅度更是近15年最高，讓許多領著法定最低薪資的背包客更是加薪有感。

根據維基百科〈List of countries by minimum wage〉所示，澳洲在2022年薪資上調後，為「稅前時薪」最高的國家，年薪則為第二高（第一名為盧森堡），長年與盧森堡相互競逐第一的寶座。所以在這裡，賺多少錢不是本事，存了多少才是真本事！同樣澳洲在1年，有人賺了稅前百萬；有人賺了稅後百萬；有人存了稅後百萬，你說誰比較厲害？

反之，如果在台灣的月薪落在台幣55200～69040元（甚至是超過這個區間），就必須權衡「待在台灣」與「來到澳洲」兩者之間的利與弊，兩相權衡取其利。畢竟，在台灣這樣的高薪，在澳洲只是最低標準而已。除非你有本事在澳洲賺到比台灣更高的薪水，或是台灣的老闆願意留職停薪等你歸國，否則就要考慮是否有其他誘因或理由吸引你前往澳洲打工度假。

背包客無奇不有，來澳洲打工的理由也千百萬種，端看自己是基於什麼目的，決定踏上澳洲打工這條「不歸路」。

⑤ 疫情導致勞工掌握話語權

澳洲的基本時薪在2022年迎來了2字頭，連帶臨時工的時薪達到澳幣26元。疫情導致的缺工，讓勞動市場的主導權從資方變成勞方，當地人不願去做的3K工作[註1]也導致背包客一位難求，在勞動市場上成為炙手可熱的存在。甚至以前只收當地人或有永久居留權者的工作，疫情之後也都缺工缺到將職位釋出給背包客，有利於背包客融入當地社群中。

另外，澳洲政府將所得稅的課稅級距上調，以減輕背包客的生活壓力，以及因為疫情導致出入境的不便，當局將有意願留在澳洲的外國人延長簽證期限，或是發放臨時簽證延長居留時間。種種作為都是希望吸引所剩不多的背包客及外國人，讓他們選擇留在澳洲，而不是選擇回國，以維持澳洲當地的經濟運作。

就連長年猖狂的地下黑工，也因為疫情鎖國的情況下招不到員工，黑工問題頓時少上許多。只能說，種種宏觀環境的利多，讓背包客的生存環境沒有以往這麼困難。

隨筆小記 × NOTES

計件制薪資時薪化

計件制的敘薪方式在 2022 年有個好消息，澳洲的公平工作委員會（The Fair Work Commission）最新出爐的法案：只要是按件計酬（不論全職、兼職或臨時工），勞動者也必須得到最低工資保障。本法案在 2022 年 4 月 28 日開始實施，計件制也享有最低工資保證，且雇主有義務記錄其計件工人的工作時數和適用的計件工資，確保工人可以獲得合理的報酬。

礙於每間農場與蔬果種類有所不同，計件制度也各有差異，不易計算，因此不再贅言展開探討。對於計件制有興趣的大家，還請自行上網搜尋公平委員會的說明與資料，或是詢問計件制的背包客，在新制下來後，薪資計算方式是否因此有所調整的分享。

註1 3K工作｜指骯髒、危險、辛苦的工作。

在墨爾本 2 個月的坎坷找工經驗談

 ## 第一站：墨爾本

　　退伍剛滿1個月，把出發澳洲的前置準備及台灣的事情都處理完後，跟女友兩人帶著全身家當直飛澳洲，展開我們澳洲打工度假的第二人生。

　　我們運氣很好，第一站就到了墨爾本最市中心的核心地帶，位於交通便利、隔條街就能觀賞岸邊景色的背包客棧。

　　我們運氣也很不好，因為沒有工作，怕現金流負的太厲害，熱鬧的街道，林立的各國美食，尤其是墨爾本貴為咖啡之都及巧克力之都，這邊的物價我們暫時高攀不起，也無福消受。

 ## 8 月的寒冬，難找的工作

　　8月的北半球熱得要死，南半球卻冷得要命，沒收入不打緊，還可以省吃儉用。只是我們不知道的是，8月的墨爾本是當地最冷的1個月，平均攝氏溫度大概在2～10度左右，動不動就颳風下雨，比台灣的冬天冷太多了。我們遇到最冷的一天，在清晨時，室外溫度只有-3度，還飄著綿綿細雨，別說離開房間了，連離開被窩都是痛苦的折磨。

認識一些在澳洲當地生活的朋友後，才發現光是北澳跟南澳之間的溫差之大，大到許多人說冬天要去布里斯本避冬，那邊沒有所謂「冬天」的概念，墨爾本則是夏天來找工避暑的地方。一方面是溫度說，另一方面反應冬天的墨爾本找工困難的事實。

初期遇到許多老包，認為我們澳洲第一站就來墨爾本找工作，根本就是新手挑戰大魔王般的不自量力。很遺憾的，我們經歷一段壯烈悽慘的找工之旅，一開始想在市區找辦公室或是餐飲服務業，但不論是網路投或是掃街，投出去的履歷幾乎都石沉大海。

我們也明白自己沒有相關工作經驗，就算有經驗，最後也是卡在英文的聽力跟口說上，因此在找工作上，英文的聽說能力幾乎讓我們處於絕對劣勢。到頭來，只能說英文真的很重要啊！

對市區絕望後（對自己的英文能力表示絕望），決定將目標換成工廠包裝或作業員，我們也從最初的市區搬去西郊的小鎮，過程中遇到糟糕的二房東，最後搬到東南區，住的問題才算告一段落。

❸ 找工歷程

應該很多人都跟我一樣，一開始的找工資訊都是從澳洲找工資訊網開始的，有興趣的人可以搜尋「澳洲找工資訊網@AUINFO」，裡面有許多黑工跟白工資訊。

很不幸的是，我發現這個地圖上的很多資訊已經過時了。我照著上頭的資訊一間一間上網投、掃街投，掃西掃東又輾轉掃北，尤其是住東南區掃北區時整個掃到要人命，搭火車、等公車，每天交通光來回一趟就要4小時，搞得快瘋掉。

過程中我才發現時過境遷，有些以前收背包客的現在不收了；有些本來到場投的，已經外包給仲介了；有些更慘，倒了！

更慘的是，掃街的過程中，我們得知墨爾本在每年的5～6月入冬，工作機會驟降。春天來臨以前，大多是產業淡季，表示我們選在當地失業率最

高的時候來，連當地人都不好找工作了，何況是身為背包客的我們。

很多人說來墨爾本找工作很吃運氣，許多背包客們都會先在新手村的西澳、南澳或昆士蘭把錢賺夠後，再來墨爾本享受生活。當我們來墨爾本認識越多人，了解越多當地的資訊後，我們才知道：「真的是選錯季節又選錯來澳洲的第一站。」

身體寒，心更寒啊！

4　落地 2 個月，只工作 2 週

回想2個月前的早上，我們滿懷期待澳洲的打工生活，然後搭當天半夜的飛機離開台灣。

時光飛逝，轉眼間已經來到澳洲2個月，真正有工作的天數只有2週，剩下的時間幾乎都在找工作。「打工」這個字在我眼中已經不是當形容詞用，根本就是掩人耳目的裝飾！其中的1個月半，大部分時間都花在度假上（實際上沒錢度假，大部分的時間其實都在找工跟看海）。

我們的第一份工作，最後在我們的房東看不下去，怕我們付不出房租，拿出他3年老包的人脈牽線，才讓我跟女友有了第一份工作。只是工時很不穩定，是仲介安排，有缺人才上工。

當然，會過成這樣跟自己的選擇與心態有關。我秉持不找黑工的決心在找工作，只是在沒錢時，為了生活還是投過亞超跟飲料店黑工，只是都得到無聲的回覆（就連黑工都不收我們，這真是很打擊信心的一件事）。

我們遇到跟工作只差臨門一腳，結果因為上班時間太早，該時段沒有任何一班公車可以送我們到工廠附近，由於當時的我們還沒有想買車的打算，只好忍痛拒絕；我們也去華人巧克力廠試工，結果以第二名的成績被刷掉；我也在餅乾工廠遇到超好心的越南主管，超穩定白工，培訓2週還給全薪，這段經歷在未來找食品廠工作超有用，但他們希望我做長期，而我則是騎驢找馬的心態，為了不耽誤彼此時間，做了兩天就離職。

很多人可能會說，有白工上就好，還挑那麼多！但我想講的是，會這樣

說的人，是在他的認知中，他本身能選擇的就有限（或是很缺錢），有少部分的人會讓自己完全沉浸在英文的環境中，但更多數的人，即使來到澳洲，仍然是畏懼英文的。

找工作如果只看中文網站，或是只靠華人介紹，這些中文管道得到的資訊，怎麼看幾乎就是差不多的職缺，還不包括不時就鬧出老鄉騙自己人、黑心工頭、騙工賺宿的事件發生。

若只接觸中文資訊，工作機會就這樣，還要面臨一堆有同樣想法的人競爭，可能還會涉及一些台灣法院解決不了、澳洲警察不受理的的詐騙案；但只要接觸英文，就業市場直接跟澳洲對接，大部分工作的薪資福利都會照著法律走。在這邊找工作其實不難！只是要脫離舒適圈，運氣好陣痛期一下就過了；運氣不好，要有很痛很痛的陣痛期，就跟我一樣，但我還是笑著走過來。

簡單講就是：你在台灣怎麼找工作，對工作有什麼最低要求、原則或底線，來這邊把它變成澳洲版本，不要輕易妥協。請不要端出在台只要求22K註2，來這邊把「難道我也只求22K」類似這種秀下限的問題拋出來問，我會回你說：「請把標準改成『澳洲版』的『法定最低薪資』要求。」

當我嘗試擴大自己找工作的市場與就業機會，過程中也有許多意料之外的收穫。當自己把找工作的機會變多，自然有選擇工作的權利。至少我就是這樣認為的，同樣薪水澳幣25元/每小時，與其去屠宰場做到職業傷害，還不如去當地OZ廠輕鬆做包裝。

⑤ 找工方式 SOP

回到找工作的方法，只要是離開市區，又跟我們一樣沒有自駕車，我一定要跟你們說：「掃街是最沒效率，又很沒效果的找工方式。」

不要看地圖好像有些工廠之間距離很近，光Dandenong跟Clayton那幾間，公車到達目的地可能需要20分鐘，但等公車的時間可能也要20分鐘，反觀步行的方式也是40分鐘，而且還不用支付任何費用，光是選擇走路還是搭

公車的移動方式，很容易讓人在兩者之間猶豫。

這還只是其次，當你千辛萬苦好不容易到公司前台要遞交履歷時，前台跟你說：「抱歉我們已經外包給仲介了」，或是：「抱歉我們現在不缺人手」。

你花1小時來，沒講到1分鐘就被打發，或是與工廠合作的仲介可能又是1小時以上的路程，一天下來，就算能1小時投一間履歷，一天極限大概十間、十五間就差不多了（早上8點出門，掃到下午5點結束），其中會直接收下履歷的公司可以說是少之又少。

現在我們重新來過，我們配合「澳洲找工資訊網@AUINFO」一起服用：先鎖定地圖上的工廠，有官網的先去官網看有沒有應徵專區，有就線上投遞。

❶ 在官網或是地圖上有留聯絡資料的工廠，可以打電話詢問如何應徵，看是要寄E-mail給特定的人、現場投還是要找仲介，要找仲介就請他們提供仲介資料；現場投則看是否需要找特定主管，要把名字留下來，以防去現場被櫃台給打發。

❷ 如果網路跟電話都處理完，再去對有興趣的工廠掃街，掃街投履歷通常會透過前台接待，遇到的情形通常有三種，就是直接收、找仲介跟不收。

遇到收的	不要傻傻地認為他會遞給負責人，可能收下後，你前腳一離開大門，他們就把履歷丟進碎紙機。建議可以先詢問是否能直接跟主管見面，或是請他留主管電話或信箱，你回去可以再投一次線上履歷（有備無患）。
遇到找仲介的	請他給你仲介的聯絡方式，通常前台都會有名片，你可以拿到名片後，去找仲介指名要投這間工廠。仲介不一定會給你工作，但會請你留下資料，因為這也要看工廠是否有缺人而定，而不是看仲介臉色。
遇到不收的	問他能不能跟主管見面，或提供主管或是仲介聯絡方式，若請求全遭到拒絕，就真的沒辦法了。

❸ 若有拿到仲介資料，如果可以，就馬上直接殺去找那間仲介，指名說對某某工廠有興趣，想要應徵職缺。

❹ 你能做的都做了，接下來就是等消息、去下一間工廠、去附近的景點晃晃，或是回家網路投、打電話，然後安排隔天找工的行程吧！

⑥ 當找工找出心得來

　　雖然我工作經驗不足，但是這一個半月來，找工找得很勤啊！受著低溫、挨著肚子、吹著寒風、飄著雨，每天掃一區工廠都是崩潰的一天，好幾次跋山涉水、費盡千辛萬苦到工廠前台都被拒絕，或是被告知請找仲介，好幾次我都想跪著跟對方說：「拜託給個機會吧！」

　　還有一件很重要的事，「澳洲找工資訊網@AUINFO」許多地圖標示的工廠附近，還是有其他沒標示到的好工廠，當我們目標限縮在這份地圖上的工廠時，實際掃街路上經過的其他工廠，就容易被我們忽視。

　　會發現這種狀況，是因為我們一開始也都只看這份地圖資訊，但當下掃街開Google Maps看時，發現周遭很多工廠都被我們視而不見，回家再仔細一看，原來附近還有很多工廠都可以順路掃一掃，不該只專注在地圖上的那幾間。因此在此強烈建議大家：既然都去掃街了，就不要放過路上看到的任何機會！畢竟再過去一次的時間成本可是很高的。

⑦ 總結上述找工作的幾種方法

❶ 網路投履歷（SEEK、Indeed、工廠官網、仲介官網、E-mail等）。
❷ 打電話詢問（現場投、還是有特定E-mail、主管、仲介的聯絡方式）。
❸ 直接現場找仲介（當地合法仲介，不跟勞工收錢，絕對白工）。
❹ 掃街（工業區一間一間投）。

　　我甚至建議如果只是要一份工作，不求類別，不如直接找仲介介紹工作比較實在。當地的「合法」仲介是跟雇主收錢的，而且一定是白工，因此請不要有「找仲介就是要跟勞工收錢」這種先入為主的觀念。

　　掃街永遠都是最後選項，因為效益最差，還要花時間跟交通費，對沒車的人而言，整個過程吃力不討好，荷包也在捶心肝。

註2 22K｜指台幣22000元，後引申為低薪。

澳洲找工的另一種途徑：Agency，從線上投履歷到現場面試的流程大全

為了確保大家用正確的觀念看文章，在文章開頭先聲明：「澳洲的合法仲介（職業介紹所），是不跟求職者（勞工）收任何費用的。」

我跟許多人一樣很排斥找仲介，但為了生存，如果真能花點小錢找到穩定的工作，何樂不為呢？畢竟沒工作的空窗期，每天都是在燒錢啊！但花錢是其次，害怕英文才是真正的主因。

我們把能找的工廠幾乎都掃遍了，不是了無音訊，不然就是給我們一張仲介名片。迫於現實，走投無路之下，最終還是硬著頭皮找仲介。

我們意識到網路上許多找工方式的參考文，對選錯時機、來錯地點的我們來說一點用都沒有。怕我們付不起房租的房東，給我們推薦當地仲介，也意外開啟此後英文聽說能力的養成之路，以及敲開找當地工作機會的大門。

 ## ① 與仲介的幾次接觸

我們第一次成功與仲介接觸，是透過手機簡訊，所以沒什麼溝通問題，全程都在網上進行，從沒到過這間仲介的辦公室現場填資料。

後來接觸其他仲介後才發現，只有第一間是「你直接去上班，晚上回家再用電腦填資料跟處理文件」。有別於其他仲介要到現場處理，全程線上處理說明，這間仲介有明顯與其他仲介差異化的地方，雖然服務內容相似，但運用科技來提升效率、優化服務流程，解決許多勞工交通與時間不便上的「痛點」，這些都是其他仲介所沒有的競爭優勢，我滿看好這間仲介的前景。

　　至於為什麼又幾度接觸不同仲介？因為第一個仲介介紹的工作不穩定，像我只做2週就沒工了；女友則是斷斷續續接到不同的工作。

SECTION 01

仲介（Agency）簡介

　　仲介（Agency）的角色就像房仲業者、平台經營者、配對相親的媒婆一樣，在資訊不對稱的兩端需求者之間扮演橋梁的角色，讓彼此的資訊在第三方彙整，促進雙方達成共識，第三方從中賺取服務費，最終達成三贏的局面。

　　仲介扮演的是就業市場中的媒人，在勞資雙方間扮演橋梁的角色。勞工給出自己的簡歷、求職信與介紹信，企業開出他們對人才的要求，仲介從中扮演幫企業把關的角色，篩選履歷、並透過面試與考試幫助企業物色符合他們崗位需求的人才與人力；另一方面，仲介就像是企業外包出去的人資部門，除了遴選和招聘外，有些企業連培訓、薪資、福利、職業傷害等，都通通交給仲介去處理。

SECTION 02

與仲介的線上接觸

　　找仲介並非毫無目的的直接殺去辦公室投履歷，除非求職者本身有很好的經驗或優勢，不然在沒有工廠介紹、顧問（Consultant）預約、在對的時間去，都很容易遭到前台打發。

　　仲介在各地都有辦公室，每個辦公室都配有數名顧問，他們各自擁有不同的企業客戶名單。因此你能有什麼工作機會，不只取決於仲介的名氣與規

模，影響更大的是該名顧問手中有多少企業名單開出職缺。

我們開始決定找仲介時，就是拿著自己履歷去掃街，一家一家投，結果連顧問都沒找著，就被前台收下履歷打發，然後沒有下文。

從此之後，不論是找工廠或是找仲介，我們完全放棄地面掃街作戰，改成先在網上找工作資訊，符合需求再投履歷。快的當天就會來電話，慢則2～3天。剛開始接到電話，不論是印度人還是當地人，口音都重到我們聽不懂（其實是自己英文不好），很多是對方問不到幾句就放棄溝通，然後謝謝再聯絡，後續也沒有回音。

我們也不會因為英文不好就被封殺，像負責貢茶的仲介（就是台灣的貢茶飲料店），線上投了幾次履歷，每次投都有回電，因此我們趁機偷偷練了幾次英文聽力與口說。除非求職者有重大違規紀錄，不然一般不會有「被這個顧問封殺，就被整個仲介機構納入黑名單」的情況發生。因此要不恥下投，投同一間仲介的許多職缺，或是同個職位每天一投再投。畢竟同一間仲介，可能不是同一個辦公室或顧問發的職缺訊息，因此只要有機會，投了都可能會有顧問來電。

不用怕英文不好，多聽多說幾次就是了；不用怕被嫌煩，每天求職的人很多，想增加命中率，多投幾次是應該的；臉皮厚一點沒什麼關係，我們也是這樣過來的。一開始真的很挫折，但到現在已經可以掌握仲介會問的六、七成問題，其他的只要請他講慢一點，或是換個方式說，幾乎所有問題我們都答得上來。

另一種英文能力不好的應答方式，就是不管電話那邊說什麼，我們這邊就自說自話，像簽證種類跟日期、有沒有駕照跟車、做過什麼職務跟具體內容、什麼時候能上班等，通常打電話來問的就是上述那些問題（你投的履歷其實都有寫，他只是再確認一次），因此你直接講完，他就會評估說要不要約你面試，所以你只要聽到關鍵字「Interview」跟講一堆數字、日期、地點就知道要去面試了。聽不懂也不用慌張，等他講完後，再跟他要一份面試的資料寄到信箱或簡訊，只要之後確認有收到面試資料就表示成功約到面試了！

面試當天，一腳踏進仲介辦公室，表示離工作又更近了一步！

② 在仲介辦公室時所經歷的流程

SECTION 01
流程概述

通常面試的資料，會留下顧問的名字與聯絡方式，因此到前台時，就跟他說：「我跟某某顧問幾點有約」，只要你搬得出顧問名字跟預約時間，前台的態度跟自己上門投履歷時相比，會有180度的大轉變。

不同仲介的流程內容都大同小異，有八成以上的時間都在寫資料跟考試。現場用英文說話的環節其實很少，有 Google 翻譯就很夠了。

一開始通常不會直接跟顧問面試，而是要先填寫仲介給的資料，然後考試，最後才是跟顧問面試。希望大家不要跟我一樣，第一次去仲介辦公室搞烏龍，吵著不是要面試？為什麼要先填寫資料？因此記好口訣：先填資料，然後考試，最後面試。

★★★★★
**五顆星
重點**
FIVE STAR FOCUS

大家都知道護照就像身分證，是不能隨便給人或影印的，但仲介前台或是顧問，通常會要求影印護照，即便是工廠直接僱用，也會這樣要求。這是屬於正常的僱傭流程，因為他們要確保你有合規的簽證可以在澳洲工作，他們才能合法僱用你。如果害怕被盜用，請事先影印好，然後當場直接交影本過去，並在影本上註明：「此照片僅供 xxx 使用，禁止其他用途。」

從填資料到面試結束，中間過程大概 2 ~ 3 小時，這才是去仲介辦公室沒被打發的整個過程。

另一個去投仲介被打發的原因是：「不能太晚去」。從填資料到面試是一件很冗長的事情，建議如果不是網路投，而是自己直接去現場投履歷的，早上 9 點到 10 點，或是下午 1 點到 2 點，都是仲介常約求職者面試的時間。在這兩個時段去前台投履歷，即使沒有顧問幫你撐腰，通常他們也會放行，因為反正裡頭有一堆人也在填資料，不差你一個。

資料填寫

❶ 勞工與仲介之間的合約書

內容主要是仲介對勞工的規範,以及勞工享有的權利。

❷ 工作經驗與技能

近幾個月來做過的公司、職位、主管名稱與聯絡方式,是否有推薦人、偏好什麼產業、擅長什麼技能、持有什麼執照或證照等。

澳洲很重視推薦人跟推薦信,有些仲介會根據勞工的推薦內容進行背景調查,以確認求職者提供的內容是否屬實,並依此判斷求職者的品行與能力。

❸ 財務資料

填寫稅號、銀行BSB(銀行帳號)及退休金資料。

❹ 警察檢查

我發現網路上比較沒有這方面的資訊可以查,很多人會以為他是要我們提供在台灣的良民證,但這裡其實指的是澳洲版的良民證。

檢查時,裡頭會問一些問題,像是過去幾年內有無犯罪紀錄等,其實在申請簽證時,大家都早已經被問過一次。有些問得比較細,還會問你是否有一些很具體的犯罪行為或動機。最後比較重要的是,結尾通常會有一段文字:「**如有必要,我願意接受職前的警察檢查**」,然後要你簽名。

★★★★★
五顆星
重點
FIVE STAR FOCUS

曾經遇到假仲介要求自費,一查發現是詐騙!求職陷阱不得不防。

如果自己去做警察檢查,通常是要網路申請並且自費,費用約澳幣50元;如果是仲介跟雇主要求勞工做警察檢查,這部分則是由他們全額支付,而非勞工自掏腰包。

⑤ 健康檢查

主要分成疾病檢查與物理檢查，看是否有任何舊傷或疾病會影響工作，或是不能從事什麼樣的工作。和警察檢查相同，結尾通常會有一段文字：**「如有必要，我願意接受職前的健康檢查」**，然後要你簽名（同樣是雇主／仲介付全額，若要求自付，小心是詐騙）。

⑥ 酒精／藥物檢查

某些酒精跟藥物會影響工作，因此若仲介或雇主覺得有必要，會要求求職者進行酒精跟藥物檢查，以確保勞工的精神狀態是處於能工作的狀態。同上，結尾通常會有一段文字：**「如有必要，我願意接受職前的酒精／藥物檢查」**，然後要你簽名（同樣是雇主／仲介付全額，若要求自付，小心是詐騙）。

SECTION **03**
考試

考試的部分大概分成 OHS、基本測驗及職前訓練考試。除了 OHS 是必考外，基本測驗是看仲介要不要加考，職前訓練考試則是看企業是否要求仲介幫忙處理。

目前職前訓練考只遇過一例，所以大家不用太過擔心會有職前訓練考（基本上也是開書考）。

❶ OHS/OH & S

OHS 在歐美國家比較盛行，因為他們很重視勞工安全與健康。通常只要是有與歐美有生意往來的企業，都會被要求工作環境須符合 OHS 規範。在澳洲，不論仲介或雇主，職前訓練一定會考 OHS／OH&S（Occupational Health and Safety, 職業健康與安全），讓員工了解如何保護自己不受工傷或導致意外發生。通常仲介或公司會透過放影片、教學手冊或口頭報告進行宣導。另外，OHS 考題沒有統一標準，每個仲介著重的重點跟考題都不盡相同，考試也沒有時間限制，因此看不懂題目可以問仲介或使用 Google 翻譯。

❷ 加考—基本測驗

依照企業需要，仲介會協助企業加考一些題目，像是數學、識字、顏色、智商等，來篩選不符合資格的求職者。

❸ 加考—職前訓練考（Induction）

有些企業比較嚴謹，為確保勞工有真正了解工廠規範，除了請仲介幫忙訓練外，還會要求考試，確定職前訓練成果是有效的。

像之前仲介安排一間食品廠，由於他們有國際ISO9001的認證，為確保食品品質的一致性，以及食安上的無慮，因此職前訓練手冊厚厚一本，裡頭講了許多海鮮、肉品、過敏、疾病等注意事項與處理方式，看完還要考試，整個寫完，腦細胞死了一半。

SECTION 04
面試

總算來到最後一關了，當資料與考試都告一段落後，通常就會有顧問一對一進行面試，他會一邊檢查你填寫的資料，順便問你一些問題：像是簽證類型、多久到期、為什麼離開前一份工作、工作內容有哪些、偏好什麼類型的工作或職位、薪資待遇希望多少、何時能上班、輪班接受嗎等。

問完之後，有些會直接給你 Offer，要你什麼時候去工廠報到；另一種是他會說有適合你的工作再通知你。不論是哪種結果，都可以離開辦公室了。

❸ 被仲介養壞的胃口

有一群人做著不達法定最低薪資、沒保險跟退休金的黑工，恨不得求一個有保障最低薪資的白工工作；另一群最低薪資的白工工作者，卻期望能有更高的白工薪資。目前的我，很明顯屬於後者。

我婉拒許多白工機會，因為我一不小心，胃口就被仲介被養大了！一方面是對當地法規、職位與薪資有初步概念與了解後，懂得拒絕對於職務內容與法規有疑慮的職位；另一方面則純屬個人主觀理由，只要我覺得有委屈自己或對不起對方的情形，為了雙方著想，這種工作機會都一概拒絕。

　　你很難想像，一堆黑工做的要死要活，1小時只拿澳幣7～12元的薪水（目前聽到的最低跟最高），白工時薪在2019年是稅前澳幣18.93元，臨時工的底薪是稅前澳幣23.66元。

　　當我發現1小時能拿到的價差，最少可以達到1倍以上，光1天工作8小時下來，薪水的差距就明顯出來了。想請問到底是人的時間沒有價值？還是做的事情沒有價值？為什麼還是有些人願意做黑工？是真的找不到工作？還是根本沒在努力開拓自己英文的求職市場？

　　當我發現，許多人在澳洲的工作與生活環境仍擺脫不了自己的母語，在資源有限、僧多粥少的環境中爭奪那少數的好缺。沒搶到白工，就只能找剩下的黑工了。

　　跨出舒適圈吧！跨出自己原先語言的世界，與當地的求職市場接軌，就會發現競爭者少了一片。除了可以擺脫原有市場的競爭外，還能開闊自己的求職機會，順便培養英文能力，融入當地的職場文化中。用英文與當地就業市場對接，可說是一舉多得的超划算舉動。

　　讓自己選擇的機會變多，自然就有選擇的權利。

好險，差點上當！遇到冒名的假仲介、真詐騙

 1 來自仲介的一封信

2018年8月31日，這是我剛到澳洲的第11天，也是住在墨爾本西郊的最後一天，因為工作沒有著落，我一邊整理行李準備搬往東南區，一邊蒐集工作資訊與投履歷。

忽然收到一封信，圖案是國際知名電商平台的Logo加上澳洲的袋鼠，是該仲介機構負責此電商平台的澳洲分公司委外招募。

當時我不疑有他，因為我才剛試著投一些仲介所開的職缺，因此還不太熟悉仲介跟求職者之間的互動方式。在當時用E-mail回應我的，還是頭一次遇到。

為簡化篇幅，我把工作地點及輪班時間都略過，只留下重要訊息。關於被冒用的公司名及假聯絡資料，我也不再公開，因為該網站與聯絡方式都已經無法使用。

SECTION **01**

第一封信：xxx Inc 的倉庫訂單揀貨員／包裝員

2018年8月31日收到第一封信，標題為：Warehouse Order Picker/Packer at xxx Inc，信件內容如下。

We received your job application for the position of a Warehouse Order Picker/Packer at xxx Inc. We have looked at your application and would like to invite you for an interview. （大意：我們收到你應徵倉儲人員的的履歷，想要跟你約一場面試。）

You will get an opportunity to talk to us about your previous education/work history. The purpose of this interview is for us to get to know you a bit better and discuss the experience you have that is relevant to this role. （大意：面試時會聊關於你的教育程度與工作經歷，以及確認你是否有與應徵職位相關的經歷。）

NOTE: We shall confirm your date and time of interview once you reply us with your preferred location. Working hours: You can simply choose which of the working hours suits you. （大意：等你回信確認工作地點與工作時段後，將安排面試的時間。）

　　因為我收到仲介或資方回應時，會有回去找當初是投了什麼職位與職務內容的習慣，因此需要再把當初看到徵才廣告的網址找出來。透過這個習慣，我其實就有發現以下幾個疑點。

❶ 仲介官網：通常官網都會有Job Seekers & Employers這兩個專區，類似求職者跟徵才者，但是在這封信上給的網址，連結過去卻只有簡單介紹跟聯絡方式的選項，令人摸不著頭緒。

❷ 徵才廣告：不論是在仲介的官網，或是像SEEK、Indeed這種類似於台灣104人力銀行的求職網，我找不到這篇訊息的出處，連網頁的瀏覽歷史記錄，也翻不出自己有投過這間仲介任何職缺的痕跡。

❸ 應徵成功信：投遞履歷後，通常會有一封應徵成功的E-mail寄到求職者信箱，內容會用較顯眼的字型說：「這是一封來自系統的自動回信，請不要回應！」，主要是提醒應徵者在哪裡看到職缺和投履歷，並附上職缺廣告的網址。但我沒有收到任何應徵成功的信，就收到這封非系統自動信，也沒附上職缺網址，因此我根本不知道自己到底在哪投遞這個職缺。

當時因為急著找工作，即使發現這些疑點，也是採取病急亂投醫的態度，認為既然信來了就先回應卡位，看後續怎麼樣再說。我回信的標題為：I interested in Warehouse Order Picker/Packer at xxx Inc，以下是我的回信內容。

> Melbourne VIC is convenient for.（約在維州墨爾本面試較方便。）
>
> Working hours: ALL of the working hours suits me, but prefer : Morning shift >Afternoon shift >Night shift（各班次都可以，偏好早班＞午班＞晚班。）

第二封信：面試問題

9月3日收到該仲介的回信，標題為：XXX INTERVIEW QUESTION，信件內容如下。

> We would like you to complete below interview questions for final decision on your application. Kindly answer to the following questions.（大意：我們希望請你完成以下面試問題。）
>
> 1.Tell us a little about yourself. （簡單介紹你自己。）
>
> 2.What motivates you to do a good Job?（什麼可以激勵你把工作做好？）
>
> 3.When are you available to start? （何時可以上工？）
>
> 4.Would you be able to work weekends and over time? （能接受加班與週末上班嗎？）
>
> 5.Explain why we should hire you?（解釋我們為什麼要僱用你？）
>
> Note: The purpose of this screening is for us to get to know you a bit better and discuss the experience you have that is relevant to this role.（大意：這是為了讓我們更了解你是否與該職位的要求相匹配。）

這封回信沒有什麼大問題,因為投過幾間公司的職缺專區,也會問到類似的面試問題,唯一困惑的是:為什麼Interview是透過E-mail而不是電訪或面對面的方式?有違自己在這邊所遇到的面試方式。

當初想說如果真能錄取,就能到全世界頂尖的科技公司看看,到底他們的倉庫是藏著什麼高科技。哪怕只是最卑微的倉儲人員,只要能進去都是種榮譽!因此我很謹慎地用我的破英文加Google去回答某幾個關鍵問題。雖然只有短短五題,我卻花了快6小時才把所有問題都答了一遍。(英文真的很重要啊!)

由於內容涉及許多個人資訊,就不在這邊公開自己如何回答上述五題。

第三封信:國家警察檢查

9月4日再次收到回信,這次信中特別要求要做國家警察檢查,我一開始以為是需要台灣的良民證,但最後發現National Police Check application(NPC)指的是澳洲良民證的申請,由澳洲聯邦警察(Australian Federal Police, AFP)負責,經官方委外認可的仲介機構,也能從澳洲聯邦警察的官網中查詢。標題為: Follow Up on Interview Question,內容如下。

Thanks for completing our online interview questions, Congratulation on passing our assessment as you have been selected for the job. As per our requirement you need to carry out Criminal Records Bureau (CRB/DBS) checks.(大意:感謝你完成我們的線上面試,恭喜你通過了我們的評估。現在我們要求你需要完成犯罪紀錄檢查。)

In order for us to complete a police check, we use an accredited partner with access to the National Police History database.(大意:我們可以透過資料庫完成警察檢查。)

Fees $49.40 for each National Police Check application. （一次國家警察檢查申請費用49.4元。）

Note: A Valid CRB report is essential for this role, We do not accept police check that is over 30 days.（大意：只接受30天內的犯罪紀錄檢查。）

We'll confirm by E-mail or SMS when your police check certificate is ready.（大意：當你的警察檢查證明準備完畢，我們會透過簡訊或E-mail確認。）

Choose from receiving an online or hard (paper) copy in the mail.（選擇收件方式為線上或紙本副本。）

The requirement for Police check:（警察檢查要求的資料。）

1.Your name （你的名字。）

2.Date of Birth （生日。）

3.Currently registered address.（當前住址。）

Kindly get back to me so that I can give you proper guidelines on how to go about sending the payment for the DBS.（大意：請回覆我，我可以提供你如何付款的資訊。）

　　這次覺得問題大了！信封內容雖然說我的回答通過他們的評估，被他們錄取了，但是後續內容接著提到要做國家警察檢查（National Police Check application, NPC），還要求自費澳幣49.40元（約台幣1000元），第一次看到這樣的流程，覺得怪怪的，女友建議先去網上查一查到底是不是詐騙。一開始我還不信邪，因為如果真有這種詐騙，背包客棧或是臉書的澳洲社團應該會有人分享這種詐騙經驗叫大家注意才對。

　　結果我將信件一的內容隨便複製一段貼到Google，第一頁就馬上搜到相似的內容。雖然是不同的假仲介詐騙，但內容都大同小異，看得我臉都綠了。如果真的照信件說的繼續做下去，不僅沒有工作，還賠了老本，真是賠了夫人又折兵！

　　看到Google搜尋的內容後，真的是鬆了一大口氣，自己差點陷入騙局。還好女友英明，自己也聽話，才沒有在泥沼中越陷越深。

詐騙之後

事過境遷，自己在之後持續接觸許多工廠與仲介，對這邊應徵與面試過程的了解已非吳下阿蒙。在這邊簡單總結一下，該如何判別是否為工作詐騙的幾種方式。

❶ 官網：仲介的官網是否有 Job Seekers & Employers 這兩個專區，以及聯絡方式是否有附上實體地址。通常官網精美但沒什麼資訊，又沒什麼名氣的仲介，就要多留個心眼，建議多跟其他仲介的官網做比較。

❷ 應徵成功信&職缺廣告：自己如果真有應徵該徵才職位，應該能直接從信中找到職缺的網址，或是能從求職網或仲介官網找到職缺資訊。網路都會留下足跡（除非開無痕），如果自己沒有投過的印象，瀏覽紀錄也都找不到痕跡，要小心詐騙的可能性很高。

❸ 費用索取：在應徵階段是不會有任何費用需要應徵者去支付的！只要有任何費用要求，絕對是詐騙無誤！如果資方或仲介要求像是國家警察檢查或是藥物檢查等，只要不是出自勞方自身意願去做的檢查，資方跟仲介須支付全額費用，而非勞方負擔部分或全部費用。

❹ 警察檢查或藥物檢查（還有物理檢查、酒精檢查等）：不論是仲介或是公司都會詢問，因此這個環節是沒問題的！有問題的是「要求勞工自費」的部分。在這邊特別強調與澄清，是為了讓大家遇到警察檢查或是藥物檢查的面試項目時，不要誤會是公司或仲介有問題。

最後，以下面的警語當作結尾，也是提醒大家千萬要注意此類的求職詐騙陷阱。不要預付費用：永遠不要申請任何需要預付費用的工作。（Don't pay upfront fees：Never apply for any job which asks for any upfront fees.）

如何利用資訊不對稱來創造價值？我從仲介得到的啟發

當企業需要人才時，仲介會根據企業的徵才條件，將資訊刊登在官網與求職網站。在徵才資訊中，職務內容與徵才條件說明的鉅細靡遺，唯獨求才的企業名稱是沒有被明說的部分。整個廣告的呈現方式，是為了締造資訊不對稱，讓資方跟勞方為自己手上的資訊買單。

仲介的獲利模式

這就牽扯到仲介的獲利模式：當資方對某個崗位開出來的薪水是每小時澳幣35元，但仲介可以在只支付30元的情況下招到理想的人才，最後選擇要求薪資每小時25元的求職者，賺取中間資訊不對稱的價差。

當勞資雙方資訊越不透明，不知道彼此期望價差有多大的情況下，仲介越能將中間的資訊落差，轉變成自身利益。

做好「稱職」的橋梁

為什麼要隱蔽企業資訊？仲介身為就業市場的媒人，存在目的是為了解決勞動市場的供需問題，幫資方找到人才、為勞方找到工作，然後在媒合成功後獲得報酬。

打模糊牌的用意為何？是企業的名聲不好，只要名字曝光，網路上都一片負評？是怕其他仲介會去搶客？還是同業競爭者會藉此間接了解公司的營運狀況？

此外，對勞工來說也很不方便，一來不知道地點，無法計算通勤時間，二來不知道工作環境的好壞，如果進去做沒多久就離職，對三者來說都是重大的成本損失與時間浪費。

不論原因為何，我認為，仲介會這樣做主要是為了保持勞資雙方資訊的不對稱性，確保只有自己擁有資訊的全貌。

對資方而言

仲介刊登的徵才廣告若直接屬名徵才需求的企業名，企業馬上能明白仲介從中抽了多少油水，也能直接跟仲介討價還價，對仲介來說，這會削弱本身的談判能力；反之對企業的背景跟地點簡易介紹，讓企業不確定仲介的徵才廣告是為誰發，即使去問也只會得到「這是跟你同地區、同產業的其他企業」的模糊牌回應，既然不知道是為誰而發，資方談判力量自然就小。

企業面對競爭的壓力，因此是否有其他競爭者，他是知道的，若仲介發出這種話，不論真假，企業選擇懷疑而與仲介吵架是很愚蠢的行為，因為：發現是假的，換一間仲介事小，若正面臨用人之際，換仲介需要處理商業合約，彼此業務還要一段磨合期，那才真的麻煩；發現是真的，卻也壞了彼此之間的信任，仲介在招人時，最佳人才可能就被送給競爭對手，而自己只能獲得次級人才。

對勞方而言

徵才廣告若直接呈現企業名，何必還要透過仲介呢？求職者可以上網找評價，喜歡直接投就是了；反之在沒有明說的情況下，求職者通常只能透過簡單的背景介紹，確定工作與薪酬條件符合預期，自己也吻合徵才條件，就

投履歷等消息。

這過程直接對勞方的工作職位跟能力開出一個價碼，求職者不接受，別人搶著要，因此勞方的談判能力在過程中幾乎是零。

對仲介而言

當勞資雙方各自認為的價碼有落差，這筆價差就轉變成仲介的服務費。因此雙方資訊越不對稱，仲介就有了坐地起價的優勢。當仲介掌握全面的關鍵資訊，自然能開出對自己有利的規則，並要求勞資雙方遵守。

在我每次簽署仲介的勞雇合約時，裡面都會提到勞方該遵守的規則，像是跟仲介解除合約關係後，幾個月內不能直接跟該企業簽訂雇傭合約。我相信資方一定也會跟仲介簽署相似的合約，因為對仲介來說，如何壟斷資訊，做好「稱職的橋梁」，確保勞資雙方的資訊一定要從他們的管道流通，是他們最關鍵，也最核心的業務流程。

從澳洲仲介獲得的啟發

這是樁三贏的買賣，資方出錢要人，勞方要錢出力，仲介負責媒合，大家各取所需，達成三贏。

以被動收入的概念來說，在股票投資上，你要做的就是研究財報、產業前景等，確認企業值得投資後買入股票，自身不需要介入經營，只需要定期觀察企業的營運狀況，然後等待獲利與分紅；仲介初期為企業投入資金與時間，投放廣告、篩選適合的人才，待勞方投入資方的工作後，除了充當資方的人事管理，本身不需要介入經營，只須等每週結算勞工的勞動成果後，抽取部分費用當作傭金（服務費）。

思考仲介的商業模式後，發現仲介是一種典型靠資訊獲利的行業，這也啟發了我關於「如何利用資訊不對稱獲利」的全新思考方向。

看澳洲仲介如何「無痛拔鵝毛」向勞工間接收取仲介費

找仲介要收仲介費？

來澳洲之前，我跟許多人的想法一樣，希望能先把工作找好，這樣一到目的地，把必要的事情處理完後，就能馬上銜接工作。

那段時間找了許多仲介與企業外派的工作，發現許多華語仲介都是跟勞工抽傭金，當時在某些臉書社團中看到澳洲找工的仲介文，甚至看到有仲介理直氣壯地說：「我們的服務本來就是幫忙工作的媒合，求職者為了尋求找工的服務，找上門來付費尋求我們的服務，一買一賣、合情合理。」（非原文，大致意思。）

自己當時非常害怕英文，幾乎所有的求職資訊都是在中文網頁找，因此在這段時間也建立起一種錯誤觀念：「仲介幫勞工找工作，抽傭金（收仲介費）是一件再正常不過的事。」

直到我真的來到墨爾本，接觸當地仲介，才開始顛覆我對仲介向勞工抽傭的看法，因為在當地，合法的仲介不能直接向勞工收仲介費。如果不跟求職者收錢，那要跟誰收錢呢？不跟勞方收錢，當然是跟資方收錢。

當地的仲介業非常繁榮，光我當時住的東南區，從國際仲介到當地仲介，起碼有五十間以上。因為找仲介履歷投多了，跟辦事處的仲介聊過天、寫過資料，也考過試，做過幾份臨時工，存不到什麼錢，但也餓不死。

不知道為什麼，不論是在台灣，還是在澳洲，絕大部分問到的華人，

他們一聽到我推薦他們找仲介投履歷，他們第一個反應是：「找仲介？這樣不是還要付仲介費給他們？」

就跟我來澳洲之前的觀念是一樣的！不知道這種先入為主的觀念，是不是被媒體灌輸「來台外勞被仲介抽傭金抽很兇」的印象：據說外勞來台工作為3年一簽，第1年薪水要還當地仲介的仲介費，第2年拿來償還台灣的仲介費，第3年才有錢讓他們回家鄉買房子。

當然，真實情形是怎樣我不知道，但許多人排斥在澳洲找當地仲介的背後原因，不僅是費用問題。若真能透過仲介找到一份穩定的工作，是否收費是其次，終究還是卡在英文聽力與口說的語言門檻啊！

② 關於仲介

仲介身為就業市場的媒人，在勞資雙方之間搭建橋梁的目的，是為了解決勞動市場的供需問題，幫資方找到人才，同時也為勞方找到工作，並在媒合成功之後獲取報酬。

當企業需要人才時，仲介依照企業需求開出徵才條件，並將徵才資訊刊登至官網及求職網站。在徵才資訊中，職務相關資訊都非常透明，卻沒有透露出是哪間企業在徵才。至於在廣告上為何要隱蔽企業資訊？主要是為了壟斷資訊：利用「資訊差」做好「稱職的橋梁」。

SECTION 01
時薪制的仲介費

企業為什麼會願意將這部分的業務外包給仲介處理？除了澳洲地大人少的因素外，最大的部分還是專業分工導致的效率提升及成本節省。

就跟許多中小企業沒有人資，讓行政兼人資的情況相同，與其多付一人份的薪水來負責人資業務，或是讓行政人員不專業的另外處理，企業為了節省成本與麻煩，仲介本身又是這行的專業，因而會將人資業務外包給仲介。

澳洲紋薪大多採週薪制，當每週薪資結算時，工廠會將勞工的工時將薪資交給仲介，仲介藉此編列薪資單，並將薪資單與薪資交到員工手中。

當資方對某個崗位開出來的薪水是時薪澳幣 35 元，但仲介承諾以澳幣 30 元招到理想的人才，最後選擇時薪要求澳幣 25 元的求職者，就能從中賺取價差。若以全職 1 週標準工時 38 小時來看，仲介從中抽走的費用是如下。

〔澳幣 30 元（資方）−澳幣 25 元（勞方）〕×38 小時＝澳幣 190 元／每週（約台幣 4000 元／每週）

而這筆仲介抽走的費用，會由負責服務企業的顧問（Consultant）抽取部分傭金，剩下的歸仲介公司。

間接抽取的仲介費

看到此處，或許會困惑：「不是說澳洲的仲介不能跟勞工抽取任何費用嗎？怎麼看起來費用還是勞工在出呢？」仲介不能向勞工「直接」收取仲介費，但可沒說不能「間接」向勞工收取仲介費。

或許你會困惑怎麼個間接法？先聽我舉個例子：如果將錢存在銀行，每年定存領利息，看似財富是增長的，但是如果利息小於每年的通貨膨脹，將會導致資產縮水。

但時常會聽到誰誰誰股票賠多少，卻幾乎不會聽到有人說我今年的資產又被通膨吃掉多少。因此結論為：這是一件大部分人忽略，或挺無感的事情。

另一個故事，在徵稅上有一個用語叫做「無痛拔毛」，這句話的典故來自路易十四的財政大臣柯爾貝爾，他認為「稅收是拔鵝毛的藝術」：

徵稅好比拔鵝毛，真正高明的徵稅是「無痛拔毛」，既要多拔鵝毛，又要少讓鵝叫；既要把鵝毛全拔光，還要讓這鵝感覺自己渾身是毛。

有了粗淺概念後，來看仲介如何對勞工「無痛拔鵝毛」的「間接」收取仲介費。

每週結算一次工時後，資方會將工時及薪資資料交給仲介，仲介再依照資方開的工時及薪資整理成薪資單（包括退休金、所得稅金的處理），最後將薪資單及工資交給勞方。同上述時薪的例子：資方對某個崗位開出來的薪水是時薪澳幣35元，但仲介承諾可以在時薪澳幣30元的情況下招到理想的人才，最後卻選擇薪資要求時薪澳幣25元的求職者。

本來資方直接給勞方的薪水可以到35元，透過仲介後只剩下澳幣25元，中間的10元價差被仲介吃了。因此：

資方直接雇傭：澳幣35元/小時×38小時=澳幣1330元/週（約台幣26600元/週）。

資方透過仲介：澳幣25元/小時×38小時=澳幣950元/週（約台幣19000元/週）。

價差：〔澳幣35元（資方）－澳幣25元（勞方）〕×38小時=澳幣380元/週（約台幣7600元/週）。

其中澳幣5元是仲介幫資方省下的成本，另外澳幣5元看似是資方買單，但不要忘了，資方付給仲介的費用，本來就是原本要「直接」付給勞方的薪資，傳統仲介的抽傭過程比較像我們的舊有觀念：「勞方從資方拿到薪資後，仲介從中抽取部分當作仲介費。」表面上看起來是資方買單，但我看到的是：資方先把工資交給仲介，仲介在轉手給勞工前，就先把部分工資抽走當作仲介費（服務費），最後交到勞工手上的，是早被剝完一層皮後的薪資。

跟我在台灣看到的仲介比起來，台灣仲介只抽一次，但這邊可是你一直工作就一直在抽你血啊！但是服務流程的改變，讓勞方在服務體驗上是舒服的，也讓勞工對仲介不像華人這麼排斥，心甘情願一直被吸血還渾然不覺。

心理學上，有一個詞叫做損失厭惡（Loss Aversion）：「當人們面對同樣數量的收益和損失時，損失更加令他們難以忍受。」

若一個人進賭場賭博一直輸錢，你想勸他離開賭場會很難，因為他總想著就算不能翻本，至少也要把本給賺回來；反之如果他贏錢，可能都不用你勸，他自己就會獲利了結。

當我發現許多中文仲介，在求職者還沒入職前，就先要求拿仲介費，甚至領薪水後，必須撥一定比例當作仲介費，這種給勞工的服務體驗是難受的。

一方面是仲介的氣焰讓勞方難以忍受，另一方面是畢竟辛辛苦苦工作，好不容易到手的工資（甚至是還沒拿工資，就要先讓人掏錢出來），又要再給出去，真的讓人很不甘心：薪水時薪澳幣30元，還要每小時從中抽澳幣5元的薪資作為傭金。

當地的仲介作法高明多了，他們壟斷資訊，認真做好資方與勞方之間的第三者橋梁。凡是勞資雙方的溝通，一定要透過他們，連資方要給勞方的薪水，一定都要先經他們手，誰打破遊戲規則，就訴諸法律：勞工實領時薪澳幣25元，但勞工根本不知道，其實自己原本值得拿時薪澳幣35元的薪資。

同樣是讓勞工每小時損失澳幣10元的工資，一個直接向勞工收；另一個繞過勞工，向資方收，你覺得哪個更高明呢？這種「無痛拔鵝毛」向勞工「間接」收取仲介費的方式，只要勞方無法得知資方願意付出多少薪酬，或是無從比較，而且薪資在到手前早就先被仲介抽走服務費。整個情形就跟通貨膨脹一樣，根本是無感，甚至根本不知道這價差的存在。因此在心情上，也解決損失厭惡的心態發生。

③ 關於客戶與用戶

你認為仲介的客戶是誰？其實答案就在徵才廣告中，是企業而不是勞工。這跟電視節目及雜誌的商業模式很像，做出能博得觀眾與讀者眼球的節目與雜誌內容，是為了吸引廣告主進駐廣告，觀眾跟讀者只是「用戶」，廣告主才是「客戶」，有一定的用戶基礎後，廣告主投入廣告，才能達到曝光效果。隨著用戶越多，廣告價值也水漲船高。

仔細想想，Google與Facebook不也是類似的模式嗎？用戶免費使用平台，廣告商則是彼此競價曝光自己的廣告。

澳洲的仲介也是，他們對勞方和藹可親的接待，了解勞工背景、處理履

歷、雇傭流程，不跟勞方收費，也是在擴大自己的用戶規模，一旦企業缺人才，這邊早就儲備好人才庫等著企業去挑。

這也是抽時薪制的仲介，與抽一次性的仲介不同之處。抽時薪制的仲介跟勞工是處於一種長期的互動關係，只有靠他們好好為企業服務，仲介才能從中獲利，因此仲介對勞資雙方都要討好，不像抽一次性的仲介，可能會在勞工上工後，拿到錢就不管後續服務了。

澳洲的仲介費就像是源源不絕的現金流

抽時薪制的性質其實跟人力派遣很像，勞工跟人力派遣公司簽約，然後派去企業幹活，除了要遵守派遣合約外，還要配合企業的工作時間與規範，而勞工的薪資、福利、保險等都是派遣公司負責，若企業有許多福利政策，企業不給，你不能要，誰叫你不是企業的正式員工。

對於抽時薪制，看起來就像從勞工身上剝皮，對勞工不公平，但在徵才廣告中，條件早已開出來，求職者也是在接受薪資條件的前提下付出勞動力，簡單講，壓根就只是就業市場中一樁你情我願的買賣。

如果說一次性的仲介費是賺快錢，時薪制的仲介費則是源源不絕的現金流！我不知道台灣的人力派遣或是仲介的營運模式，但我相信澳洲仲介的商業模式，以及服務體驗，都是台灣可以借鏡與學習的地方。

不要拿自己的澳洲時間開玩笑！強烈建議買車的幾個理由

自己當初是如何從鐵了心不買車，一直到咬著牙買了車的過程，總歸一句：「計畫總趕不上變化」！

在澳洲能待的時間有限，3個月找不到穩定工作對我們來說是個硬傷，再怎麼省吃儉用，仍是一直處於燒錢的窘境，無法好好享受澳洲生活，讓我們錯過許多精彩的人事物。最後的結果就是，為了彌補瘦身3個月的荷包，還有未嘗的澳洲風光，我們開啟了第2年的澳洲生涯。

與其跟當初的我們一樣，從計畫不買車、猶豫買車一直到決定買車，中間拖了3個月的時間，不如來澳之前就決定要買車，讓自己有充分的時間把買車的功課做足。希望用自身經驗說明在澳洲買車的好，因此這篇文章就來談談，我覺得來澳洲非買車不可的幾個理由。

更多潛在的工作機會

「是否有車、有駕照？」不論是工廠還是仲介面試，這是必問的基本題型，而通常會問的原因不外乎下列幾點。

◆ 輪班：某些時段沒有，或是很少大眾運輸可到達公司。

◆ 早班：有些早班在早上5、6點就要到達公司，但大眾運輸的清晨班次少，甚至根本無車可搭，因此沒車的人不可能準時抵達工作地點。

◆ 晚班/午班：通常下午沒什麼問題，問題是晚上下班會面臨無車可搭，或是班次很少的情形。

- **大夜班**：半夜沒車可搭，早上要看下班時間，太早就會沒車搭，或是久久才有一班車可以搭的情況。

- **距離**：有些工廠設在郊區，從最近的大眾運輸到公司，可能還要徒步走30分鐘到1小時不等。

曾有幾度白工的工作機會上門，最後都卡在沒有車的緣故，只能忍痛把Offer推掉。因此並非找不到工，而是交通問題讓我們被迫放棄許多到手的機會。可以說，只要有車，就可以提升找到工作、拿到Offer的機會。

越早買成本越低

很多人不買車的一大重點卡在「錢」，除了車子本身的費用外，還有繳給政府的費用及日常的維護與保養，因此想要買車就需要一筆龐大的資金。很多人嫌車很貴，因為買車的一次性支出很高，但沒有考慮到車賣出後，買賣之間的價差才是自己為這台車所付出的溢價（或附加價值），將差額攤到擁有車的每一天，會發現交通費沒有想像中那麼貴。以我自己為例，過去1年來預估的1天自駕交通花費，落在澳幣5.35～6.1元。

對每天通勤的人來說，墨爾本大眾運輸工具（Myki）平日票價最高上限為澳幣8.8元；假日若想到處趴趴走，票價上限則是澳幣6.4元（上述為2019年票價水準）。可以說至少在墨爾本，自駕1年下來的交通費比搭大眾運輸工具還省。換作是雪梨、布里斯本等地，票價上限比墨爾本還高上許多呢！大家可以根據自己所在城市（州），上網查詢最新票價，再與「預計」買賣車的價差（持車成本）和相關費用加總，算出屬於自己版本的比較分析。

不欠人情債，或是少欠人情債

俗話說：「在家靠父母，出外靠朋友。」在人生地不熟的澳洲，最初連朋友都沒得靠，人緣與人脈都是在過程中慢慢培養建立的。沒車的那段期間，時常要厚著臉皮麻煩不熟的室友，請他們帶我們去看車、驗車、買東西跟面

試，也有看不下去的房東好心帶我們出遊，即便事後他們沒有跟我們要求任何油錢，但我們依然會主動提出付油錢的要求，但往往都會得到不需要的回覆：「在工作穩定下來前，時間跟燒錢會讓人感到壓力山大，當初我也是這樣過來的。我唯一能做的，僅是在你們的焦慮面前，盡一份綿薄之力，等你們未來有能力時，也能在他人需要之際幫忙一把。」

老包多少都有經歷過新包時期所面臨到的坎坷，對於我們的處境，他們通常都能夠感同身受。當初的點滴深刻影響我至今，偶爾遇到需要人載的同事，除非十分不順路，否則我也是免費載一程，自己也慢慢變成「等你們未來有能力的時候，也能在他人需要之際幫忙一把」這句話的布道人。

當然，並非每個人運氣都跟我一樣，擁有正向反饋。更多時候，開口求人幫忙，不論受託者是否要求索取報酬，求人的當下就等於欠下一筆人情債。還記得有次朋友在家休息、不想出門時，室友想要採購，因此請他載一程，朋友暗示自己很不想出門，但對方卻說會付錢，最終朋友很無奈的載他們出門購物。過了幾天，卻在公司聽到傳言說朋友的態度很糟糕，載一程又不是不給錢，還要苦苦哀求才願意載人一程，於是雙方的心結就這樣結下了。

有些人覺得付了錢，就沒有人情債的問題，卻忽略當事人在幫助你的同時，也犧牲了自己的時間與情緒，他們似乎都忘記了一個淺而易見的道理：「別人本來就沒有幫你的義務。」生活周遭時常能看到「要求別人幫自己一把，最後總有一方不滿意」的故事發生，最終鬧到網路上要大家公審一波，或是在自己的社交圈中要大家評評理。

馬雲曾對離職員工說過，一句精準反映他們心聲的話：「不是錢不夠，就是心受委屈了」。人情債處理不好，造成的後果，就是某一方覺得心受委屈了。我們無法控制他人內心的想法，但我們可以盡量避免「壞」人情債的發生，以免哪天忽然遭受他人的非言非語，甚至是無來由的責難。

4 更彈性的時間應用

大眾運輸的班次，不會每次都能剛好配合到自己抵達目的地的時間。早上6點的班，我可能必須4點半起床，簡單梳洗打理後，走路10分鐘到公車站，

搭5點10分的公車，公車5點半就送我到公司外頭，只因為下一班車到公司可能已經7點15分，因此我只能蹲坐在公司門口，滑手機等開門。這還只是早到的代價，現在場景換到下班，結果下一班公車要等30分鐘才來……。

　　倘若上述的情形發生在冬天，上班前要早起，早到還要在外頭受風寒，下班還要再經歷一次，每天這樣折騰是多麼痛苦的一件事；其次，一天下來將近1小時的損失，如果能透過自駕解決，代表早上可以多睡一點，下班可以早點回家休息。

　　除了工作上遇到的交通問題，假如週末想去某個景點玩，結果Google Maps顯示：「搭大眾運輸到目的地，跟走路的時間都是1小時」，這樣還有花錢去搭車的必要嗎？凡是在台灣大眾運輸遇得到的問題，在這邊的情形差異不大，只是澳洲的領土面積大多了，便利性問題也比台灣放大數倍。

　　不論工作、採買、出去玩，還是與朋友有約，只要有移動需求，時間就要配合時刻表。有車後不僅能省下許多不便與麻煩，也能拿出更多時間享受「澳式」生活。

　　為了配合乘車班次，被迫犧牲或調整自己的時間，不論是趕著出門搭車，還是在站牌下等車來，從中不知道浪費多少時間成本。反之，如果買車的話，因為自駕，得以從火車與公車時刻表中解脫，不用再委屈自己的時間；因為自駕，拿回時間主導權，可以獲得更多的自由時間，以及更彈性的時間應用。因此買車不能只考慮金錢方面的因素，其中的時間成本也須納入重點考量。

隨筆小記 × NOTES

人生很短，青春有限，留澳時間不等人

　　很多人不買車的一大重點就是卡在錢的問題，還有對車的相關知識不是很懂。其次我認為，自駕的交通成本不是優先要考量的重點，時間才是！畢竟，背包客待在澳洲的時間有限，沒有人希望寶貴的時間都花在等車跟搭車上，這時間應該用來好好享受澳洲生活！

　　最後，用我發明的一句話當作收尾：「沒那個澳洲時間，就不要拿自己的澳洲時間開玩笑！」

澳洲自駕與大眾運輸的交通費用比較：以維州墨爾本為例

很多背包客來澳洲，猶豫買不買車的一大重點，卡在不知道是開車還是搭大眾運輸工具才划算。根據自己過來人的經驗及理論上的數學推導，最終得出相同的結論：**對打工度假的背包客而言，越早買車，負擔的交通成本越低。**

自駕費用分析

這篇文章，將以我買車 1 年來的花費為例，希望用過來人的經驗給還在猶豫是否買車的人一點建議當作參考。

類別	項目／金額（澳幣）		小計（澳幣）
一次性費用	車子／4300元	過戶費／237.8元	4537.8元
一年一繳	車全險／865.51元	路權／820.91元	1686.42元
日常花費	油錢／600元	維修保養／198.12元	798.12元
總金額			7022.34元

從去年買車至今，將近 1 年，我將這 1 年在車子上的花費列出來，可以看到共花澳幣 7022.34 元。由於我們是省油小車，2 週加一次油，一次加澳幣 25 元就夠我們 2 週的上下班，以及採買等交通花費。如果將車子一整年的總花費攤到每一天來看，1 天自駕交通花費如下。

- 澳幣 19.24 元／2 人＝澳幣 7022.34 元÷365 天
- 澳幣 9.62 元／人＝澳幣 19.24 元÷2 人
- 等於過去 1 年，我們一人每天的交通花費為：澳幣 9.62 元。

◼ 大眾運輸費用分析

由於票價每年都會調漲，為貼近當時的物價水準，因此我以當時維州大眾運輸2019年的收費版本做比較，假設不論平日或假日，每天通勤都會達到上限來看，我們簡單做一下差異比較。

2019年Myki大眾運輸收費標準（最新收費標準請參考Myki官網）

	每天單人單趟金額（澳幣）	1年使用天數	單人金額（澳幣）	雙人金額（澳幣）
平日全票	8.8元	260天	2288元	4576元
假日全票	6.4元	105天	672元	1344元
總金額			2960元	5920元
平均1天花費			8.11元	16.22元

◼ 自駕與大眾運輸費用比較

	自駕減去大眾運輸總金額（澳幣）	兩人金額（澳幣）	單人金額（澳幣）
1年相差	7022.34元－5920元	1102.34元	551.17元
平均1天相差	19.24元－16.22元	3.02元	1.51元

原諒我懶得確認國定假日的天數，不然平日天數應該會再少幾天才是。畢竟只是估算，也不影響兩者之間的明顯差異，況且上述的數據一面倒，告訴我們搭大眾運輸工具的花費明顯低於自己開車。

事實真是如此嗎？

從上面計算中，若有認真做研究，會發現一個明顯的弊端，當我們即將離境澳洲時，通常會將車子售出，除非車子有嚴重損傷，才會走向報廢一途。

這就是盲點，其實自駕的交通費，在一次性費用的計算上，不能只把買車費用納入計算，正確的計算應該是在賣車後，把買賣車之間的價差值作為計算費用。因此在計算自駕費用時，一次性費用應將回收成本納入計算。

　　現在我們重新假設，如果我的車最終以3300元售出，來看數值發生什麼的變化。

類別	項目／金額（澳幣）		小計（澳幣）
一次性費用	車子／ 4300－3300元	過戶費／ 237.8元	1237.8元
一年一繳	車全險／ 865.51元	路權／ 820.91元	1686.42元
日常花費	油錢／ 600元	維修保養／ 198.12元	798.12元
總金額			3722.34元

　　可以發現車子的總花費從原本的7022.34元降到3722.34元，兩者就差在賣車3300元的回收成本上，從中也發現，一次性費用從4537.8元掉到1237.8元，明顯費用被高估。

將車子一整年的總花費，攤到每一天

- 澳幣10.2元/ 2人≒澳幣3722.34÷365天
- 澳幣5.1元/人＝澳幣10.2÷2人

　　結果逆轉了！每天自駕的交通花費不僅比平日搭車的票價上限還低，甚至還低於假日的票價上限！當然，這是還沒有將RWC檢查納進費用中，假設過戶前做一次RWC，費用落點在澳幣175 ～ 730元之間。

最終攤到每一天的交通成本

- RWC費用：澳幣175 ～ 730元
- 攤到1年中：澳幣0.5 ～ 2元≒（175÷365天）～（730÷365天）元
- 1天自駕交通花費：澳幣10.7 ～ 12.2元/ 2人；澳幣5.35 ～ 6.1元/人

　　最終得出自駕的成本為5.35 ～ 6.1元/人，這費用還是比假日搭車的票錢上限澳幣6.4元便宜。因此可以說，即便將賣車前所需要花費的成本也納入計算，最終得出來的結論仍然是自駕划算。

② 比較差異總結

透過我的經驗，如果有說服你想買車，誠心建議可以先在台灣開始以下兩項準備。

- 找懂車的朋友或去找二手車商，學習挑二手車時該注意哪些細節，懂得挑車，才能盡可能避免購車後陸續有問題發生。
- 多存點錢，並多帶點錢到澳洲，落地後就盡快著手買車吧！盡可能縮短沒工作、一直燒錢的空窗期。

SECTION **01**

降低自駕成本的幾個方法

另外，從前面的計算中，發現幾項重要觀念跟大家分享。

❶ **車越早買越好，代表成本能分攤的天數越長**

舉例來說，當初我們本來只打算待1年，但是3個月找不到穩定的工作，之後確定要待農場才逼不得已買車，若不是決定要集二簽留第2年，實際上持有車子的時間才9個月左右，在賣車成本與最終售價同上述假設下，攤下來的每日自駕成本，會比持有1年後售出的自駕成本還要高。

❷ **貴的車可以買，前提是待著時間要長，才能充分將成本攤平**

2019年開始已經開放三簽，如果真要待3年，可以考慮買好一點的車子，甚至開一些在台灣開不起的牌子，畢竟這邊二手車再貴也都比台灣便宜，哪怕開3年後車子折價幅度較高，買賣價差攤3年下來，自駕成本可能跟搭大眾運輸費用差不多。

❸ **為買車提早做準備**

很多人猶豫買不買車的重點原因，包含初期錢帶不夠，還有不太了解如何選購車子，導致貴的買不起，甚至是買貴了；想買便宜卻怕買到廢鐵，或是怕後續無止盡的維修費用。因此錢跟知識不僅至關重要，更是在台灣就可以先行準備的兩個關鍵項目。

❹ 找人分擔費用

因為我是跟女友結伴而行，所以原本看似昂貴的自駕成本，直接就減半，這才是比搭車還便宜的關鍵因素！因此如果兩人以上買車，自駕成本就能顯著下降，但風險是如果吵架分家時，車子所有權的問題會很難解決，建議結伴而行的朋友，買車之前要先確定同夥的契合度才行。

另一種分擔費用的方式，就是載同事上下班，或是載朋友順道去某些地方，找人分擔油錢，也是一種降低成本的好方法。

③ 重點在時間而非金錢

先不論自駕或是搭大眾運輸工具的花費高低，個人認為光是自駕帶來的時間彈性就大勝搭乘大眾運輸工具。

不論工作、採買、出去玩或與朋友有約，錯過一班車的代價可能是遲到、等下一班30分鐘的公車、搭更貴的Uber或計程車；有車不僅能省下許多不便與麻煩，也能拿出更多時間享受「澳式」生活。

為了配合乘車班次，被迫犧牲、調整自己的時間，為了省錢，從中不知浪費多少時間，這真不是明智的選擇。畢竟，背包客待在澳洲的時間有限，沒有人希望寶貴的時間都花在等車跟搭車上，這時間應該用來好好享受澳洲生活！

沒那個澳洲時間，就不要拿自己的澳洲時間開玩笑！對於還在猶豫該不該買車的朋友，希望透過上面的計算與分析，可以給後進新包一些參考。

有興趣的人，可以根據各州各地經營的大眾運輸官網查詢最新票價，並估算買車預算與賣車收入的價差，算出屬於自己版本的比較分析，當作是買車與否的決策依據。

澳洲買車：如何找到好車主？

澳洲有許多令人印象深刻的人事物，而我在這也解鎖多項人生成就，其中一項就是買車！想不到在台灣還做不到的事，先在澳洲做到了。重點是我先前在台灣完全沒有開車經驗！專程來澳洲練開車的，整個澳洲都是我的駕訓班，澳洲人小心啦！

拉回正題，網路上有很多教學文章跟影片，從怎麼挑車，到現場驗車的注意事項都有，但很少會告訴你挑一個好車主的重要性。

1 從不買車到考慮買車

想當初在台灣就看了很多心得文，權衡利弊之後，覺得買車對只在澳洲待1年的我們挺不划算的，畢竟從挑車到買車、保險、路權、保養、油錢等，都必須花上不少的時間跟花費。

重點是我們對車子一竅不通，有駕照卻都沒有開車經驗，驗車一來不會檢查零件、二來不會試開，就算試開也不知道車子是否有毛病。最壞的結果就是我們買下一台「自以為」沒問題的車，最後發現是一台廢鐵，或是車子後續一直出問題，要持續燒錢維修，不論是哪種，對我們來說都是悲劇一場。

買車就像是一場豪賭，所以從出發前一直到落地找工，我們鐵了心就是不買車，但是計畫總趕不上變化。我們從墨爾本市中心開始掃街投履歷，一直投到市區近郊後，有工廠跟仲介問我們是否有車、有駕照，而需要的原因通常不外乎如下。

▨ 上下班時間太早或太晚，沒有班車可抵達。

▧ 上班地點距離最近的公車站或火車站太遠，到站後還需要徒步至少30分鐘以上的路程。

　　簡單來說，並非找不到工，而是交通問題讓我們放棄許多即將到手的工作機會。真的只能說，好幾次面試完，新訓也都結束後，結果是我們自己拒絕了工作機會，搞得對方也很困惑，最後浪費彼此的時間。可以說通勤問題讓我們在找工時吃足了苦頭。

買車的契機

　　當時一度考慮說不買汽車的話，最起碼必須買輛腳踏車。真的被通勤的問題弄到受不了，因為再不工作的話就要把錢燒完了，到時候哪怕是薪水低的黑工都只能硬著頭皮做。

　　好在天無絕人之路，當我將找工心得寫成文章後，隔天就收到已經是老包的大學學長推薦我去投番茄場，沒幾天就收到了錄取上工的通知。這份工作宛如久旱逢甘雨，我們也毫不猶豫就接下合約。

　　從錄取到上工有將近3週的時間，我們開始緊鑼密鼓的找房跟找車。沒想到當地房子是最難找的，因為旺季時鎮上住滿了來賺錢的背包客，甚至還必須住到隔壁鎮去。最後在時間壓力下，找到一間要求房客一定要有車的房東，因為房子位處小鎮郊區，沒車就沒有辦法上下班或去鎮上買東西，而這也變成我們一定要買車的原因。

如何挑選好車主？

　　關於挑車的管道，我個人是在 Carsales 跟 Gumtree 找車，這種專門的網站都有制式格式，重點資訊能馬上一覽無遺，像是價錢、里程數、車牌號碼、Rego、RWC等，都可以當基礎的過濾點，基本沒問題後再來看照片、敘述及其他細節。初步資訊都符合條件後，通常就會進入下個階段─跟車主聯繫，做更進一步的詢問。

如何定義一個好車主呢？對我來說有兩個大重點：「耐心與誠信」。要耐心的原因是因為語言隔閡，以及我們對車的知識不足，車主必須能耐下性子跟我們說話與驗車；要誠信的原因，是因為我認為這是買賣雙方最該遵守的基本原則，尤其是買賣雙方擁有巨大的資訊不對稱，車主的描述是否屬實，是否有刻意隱瞞重要資訊，買方很難判定車子的狀態是好是壞。尤其是像我這種對車一竅不通的人來說，車主的誠信往往比車子本身好不好更重要，因此誠信除了可以試圖縮小資訊差外，同時能檢驗車主是否有在重要環節上撒謊，盡可能在能力所及的範圍把風險降到最低。

關於好車主的重要性

買車跟租房很像，房間再好，遇到爛房東也可能不租；也跟買房很像，物件再好，房主或仲介態度糟糕，你可能也會考慮再三。買方是否購買該項產品或服務，有很大一部分取決於賣家或服務提供者的誠信與態度。

但賣方也知道買方的這種心態，就像房東帶你看房時態度良好，一簽約就翻臉不認人，最後才發現自己用高於市場的行情租到一間凶宅；或是被賣房的仲介給騙了，高價買到一棟海砂屋，不都是因為他們裝得很有誠信，用態度博得買方的信任嗎？

買車就跟買房、租房一樣，賣方有明顯的資訊不對稱優勢，可能剛開始在網上或在你面前把這台車說的多好、多棒，捧得天花亂墜，等到成交後才發現買到一台破銅爛鐵。往往我們多留意幾分，利用不同的管道獲取資訊，去跟賣方手上的資訊去做交叉驗證，就可以避免落入買到垃圾的陷阱。

如何考驗車主的耐心

在第一次跟車主聯繫時，我會直接用手機簡訊傳送以下訊息當作開場白，文法不好還請見諒（粗體字部分可做更換）。

Hi **xxx**,

My named is **Patrick**, I'm interested in the car which you sold on **Gumtree**, and I have some questions：（大意：我叫Patrick，我對你刊登在Gumtree的車有興趣，而我有一些問題想詢問。）

1. Are you the car owner？（你是車主嗎？）

2. Is NEW car when you bought it？（你買這台車的時候是新車嗎？）

3. Does this car have any other problems that didn't described on the **Gumtree**？（大意：這台車有沒有什麼問題是在Gumtree上沒有說明的。）

4. Can I have the all receipt of service history？（你保留所有維修服務的收據嗎？）

5. Is the **$4300** price include all the fee？(transfer fee, RWC etc.)（4300元的價格是否已包含手續費跟路權？）

6. When can I inspect the car？（什麼時候可以約看車檢查？）

If you can answer those questions, I will appreciate it！（如果你能回答上述這些問題，我會很感謝你。）

Thanks,

04-xxx-xxxx（手機號碼或其他聯絡方式）

Patrick.

　　會一口氣問這麼多問題，主要是希望能從簡訊中盡可能找到有耐心的車主。問題就來了，為什麼要找到這種車主呢？因為假設現在已經到現場驗車階段，我必須用破英文跟他溝通的情況下：

❶ 他必須有耐心，聽我用有限的英文單字跟破英文表達什麼。

❷ 我也要聽他說，所以他可能會一直被我要求再說一次、說慢一點。

❹ 因為對車不了解，所以很多知識都是上網學、現場摸，他要有耐心等。

　　因為自身的語言不通，跟對車的基本知識不足，所以必須要有一個耐心的賣家願意花時間跟自己耗。想想看，如果想在手機上回答，螢幕所能呈現的內容有限，當車主回答的內容越多，字數也越多，要如此反覆數次滑上拉

下，你說這樣是不是很麻煩？不信的話請別人傳一封簡訊給自己，認真在手機上回應看看就知道了。

　　對於一個沒有耐心的車主而言，可能會因為溝通不良，希望你不要囉嗦，快做決定要不要買這台車；可能會隨便打發你，他寧願等下一個買家出現。

　　至於為什麼只問六題而不是十題或是更多？最早的時候我是參考網路上的範本，直接照抄使用（有十二題），但完全沒有賣家回應（無回覆率100%），自己檢討一下認為有些問題可以簡化或合併詢問，或是有些問題可以等到車主回應後再做二次詢問，或是驗車時再問。

　　最終改良下來的結果，以上述的版本最為實用。至於成效如何，以下給幾個比較常見的回應方式。

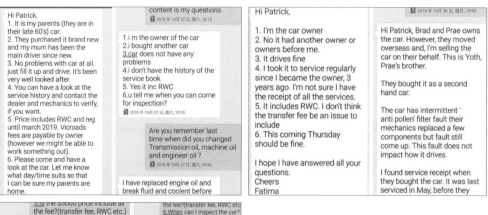

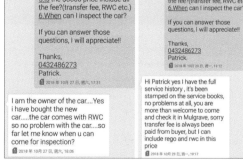

1	3
2	

1 兩圖比較，左圖逐一回應，跟右圖簡單回應呈明顯反差。

2 兩張圖對方都簡單回應，而且有些問題壓根沒回答到。

3 左圖有些回應沒達到要求，可以再次詢問；右圖雖然沒有依序回答，但內容非常詳盡。

　　還有兩種回應方式，礙於圖片無法呈現，我直接用文字說明。一種就是不回，另一種就是車主懶得打字回簡訊，直接打電話過來，遇到這種情況時，我仍然會堅持請對方用簡訊回覆（英文不好聽不懂），但回覆的內容通常很敷衍，所以最後我都用以下回應當作結尾：Thank you for rely, I will text you if I want inspect car.（感謝你的回應，如果我要看車，會再與你聯絡。）

聯絡車主的方式

　　強烈推薦用手機簡訊，絕對不要用E-mail！現在是人手一機的時代，人人都在低頭滑手機，但不會隨時檢查信箱，所以傳簡訊的第一時間，對方剛好在用手機或手機在身邊的機率，會遠大於正在（或準備）開信箱的機率。

　　另外，簡訊內的粗體字中（P.94），車主名字、網站跟價錢是一種搜索指引，當自己一天下來聯絡數十位車主，有時候會搞不清楚是在說哪輛車，這時上述三個索引標籤，便能幫助自己找到是在哪個網站、哪個價錢，又是跟哪位車主做詢問的，方便自己管理與回覆。

車主的誠信問題

　　通常一來一往沒問題後，下一階段就會約地點看車，在約之前可以再做一個確認的動作，就是去政府的網站PPSR，花澳幣2元對該車做背景調查，只要有車子的VIN/Chassis number（車輛識別號碼），就能查到該車過去有沒有經歷過重大車禍、吊銷牌照，或是否仍有積欠尚未付清的罰單或貸款等紀錄。

在約車主看車前，用PPSR所調查出來的結果。

　　右圖為當初在約車主看車前，我先行上PPSR調查這輛車的檢查報告給大家參考。

　　VIN/Chassis number通常要等到去驗車，或是先問車主才能獲得，但你可以在政府官網透過車牌號碼查到。舉例來說，我所待的維多利亞州，可以在VicRoads的Registration check頁面免費查到車牌號碼Registration number，查到之後，再去PPSR輸入VIN/Chassis number就能做背景調查。

這就是為什麼有些不肖車主要刻意隱瞞車牌號碼，或是在照片上把車牌擋起來，如果讓你查到這台車先前有什麼問題，車不就賣不掉了嗎？所以遮車牌的車子絕對不考慮購買！寧願相信車有問題，也不要跟自己的生命財產過不去。

這也是在第一封簡訊（P.94）中，第三題有問到：Does this car have any other problems that didn't described on the Gumtree/Carsales?所以車主有無說謊，我們藉由以下三項方法來判斷：❶ 車主對車子的敘述；❷ 簡訊問題的回應；❸ 官方的PPSR紀錄。

看三者的內容是否有矛盾出現，若有任何一方站不住腳，得以證明車主的誠信有問題。所以在跟車主約現場看車前，若無法事先獲得車牌號碼，或車主隱藏重要資訊不肯透漏，就放棄這台車吧！

Registration check

Results for XIX279 as at 01/09/2019 16:32 AEST

Registration number:
XIX279

Registration status & expiry date:
Current - 13/11/2019

Vehicle:
2008 SILVER KIA SEDAN

VIN/Chassis:
KNADE223386394828

Engine number:
G4ED8H498454

Registration serial number:
3423050

Compliance plate date:
06/2008

Sanction(s) applicable:
None

Goods carrying vehicle:
No

Transfer in dispute:
No

📄 Download report PDF

用自己的愛車所調出的紀錄，黑框為該車的 VIN / Chassis number。

後續的問題補充

這方面跟車主比較沒關係，主要看車主回答完第一階段問題後，再看自己是要繼續詢問，或是到驗車階段再進行發問。

❶ Does this car have cruise control？（這台車有定速巡航嗎？）

❷ Can the car have a long distant driving immediately？（這台車能接受長距離的駕駛嗎？）

❸ When was the last minor and major service on the car？（最後一次大保養或小保養是在什麼時候？）

❹ May I have the receipt of service？（我能擁有這些維修保養的收據嗎？）

⑤ Can we drive the car to the car maintenance plant to check if there are any parts that need to be replaced？（我們能將這台車開到維修廠做驗車，看是否有任何零件需要做更換嗎？）

現場比較需要注意的，就是車主是否擁有所有的保養與維修紀錄，有的話直接全部抄來看看，看某些重要的零件，是否有定期或遵照里程數做更換或保養。倘若車主沒有全部的紀錄，最起碼也要有近2、3年的（沒有紀錄會讓我們懷疑車主不太在乎車子的狀況）。

舉例來說，像我們當初決定買里程數在20萬公里內的車，我們就會特別去看正時皮帶（Timing belt）有沒有在10萬公里左右換過，因為換一條很貴！所以對我們來說，最好的情況是車子已經在17 ~ 20萬公里之間，正時皮帶又換過一次。

關於挑車時該注意什麼，現場驗車又該注意什麼，每個人的標準不盡相同，這部分網路上有很多教學文，在此就不再贅言。

 9 ## 重申找到有耐心與誠信車主的重要性

在找車時，刊登賣車的資訊上，若看到許多重要資訊留白，像是路權期限、車牌號碼等，或是照片中有遮擋車牌號碼的情形，這種車完全不建議考慮。除非車主有特別多做說明，不然重要訊息為何要遮掩，或避而不談呢？

找車主上，我們要求車主要有兩個特質：「耐心與誠信。」

如何檢測車主的誠信？

在初步跟車主交流過，基本上沒問題後，在約驗車前，先利用車牌號碼去找 VIN/Chassis number，並在 PPSR 官網取得車子的過去紀錄，去對照車主刊登在網上的描述，以及對簡訊問題的回應，是否有所出入。

另外比較少見的情況，是到現場後發現有先前都沒提到的問題發生，像是車窗故障、車燈不亮，或是安全帶不能正常使用等，必須問清楚為何之前沒提到過？並釐清車主的本意，是驗車前這段期間有突發狀況發生？還是刻意隱瞞？針對車主的回答，都會讓我們重新對車主的誠信產生質疑（也可以當作是殺價的籌碼）。

<u>SECTION</u> **02**
如何看見車主的耐心？

❶ 在刊登賣車的資訊上，該揭露的資訊都展示清楚，照片跟汽車狀況描述也是越多越好，不論車況是好是壞。最起碼，能讓買家看見車主有花心思在「賣車」這件事情上，也表示賣家願意花時間主動跟買家解釋，縮短買賣雙方資訊不對稱的情形。

❷ 我們用手機簡訊的方式詢問賣家問題，看對方回應的方式來判斷對方是不是一個耐心的賣家，確保後續驗車時，對方是否也會有耐心跟破英文的自己溝通車子上的問題。

隨筆小記 × NOTES

以上方法無法保證不會遇到爛車主

車的領域畢竟不是我的專業，我只是略懂皮毛，夠寫點自身買車的經驗談罷了！我不敢保證這樣就能百分之百不遇到爛車主，我只是用這套方法盡可能降低遇到爛車主的可能性。至少我用這套方法篩選車主，除了能挑到符合自己需求的二手車，重點是我遇到的車主真的都超級有耐心！

車主的重要性，我就說到這邊。祝每位想買車的背包客，都能找到好車主及心儀的車輛。

該不該買車代步？讓過來人用自駕1年5個月的交通成本告訴你

計畫趕不上疫情的變化，不僅是紐西蘭環島的計畫延後，回台灣的機票也因此被取消，而澳洲封洲、封城又迫在眉睫，我們時刻都可能落在澳洲回不去，因此我們只好再訂一張機票逃回台灣。

事出突然，所有的食材與各種生活用品，帶不走的也來不及賣，只好請朋友直接全部打包帶走。其中最難解決的，就是我們賣車的事情，不過最終也是排除萬難，在最後關頭將車賣出。

雖然只完成過一次從挑車、驗車、交車、買車、開車到賣車的循環，但也算是解鎖一項人生成就！總算能以過來人之姿，給予正在困惑該不該買車的人一些建議。以下內容，是我在澳洲自駕1年5個月的交通成本總結。

1 **先前的假設成本**

先前有預估自駕的交通成本大約落在澳幣5.35 ～ 6.1元/人。

類別	項目／金額（澳幣）		小計（澳幣）
一次性費用	車子／ 4300－3300元	過戶費／ 237.8元	1237.8元
一年一繳	車全險／ 865.51元	路權／ 820.91元	1686.42元
日常花費	油錢／ 600元	維修保養／ 198.12元	798.12元
總金額			3722.34元

未加入RWC1天自駕交通花費

- 澳幣10.2元/ 2人≒澳幣3722.34÷365天
- 澳幣5.1元/人＝澳幣10.2÷2人

加入RWC1天自駕交通花費

- RWC費用：澳幣175 ～ 730元
- 攤到1年中：澳幣0.5 ～ 2元≒（175÷365天）～（730÷365天）元
- 1天自駕交通花費：澳幣10.7 ～ 12.2元/ 2人；澳幣5.35 ～ 6.1元/人

　　當時計算了持車自駕1年的費用，包含假設買賣車之間的價差，得出的結論是：每天自駕的交通花費不僅比平日搭車的票價上限還低，甚至還低於假日的票價上限。

　　只是，俗話說：「理想很豐滿、現實很骨感」，離澳前夕疫情肆虐，在即將封城之際，許多背包客跟我們一樣急售車輛，當時賣車的時機點與市場都對賣方極為不利，我們同事甚至車賣不出去，索性就將車子丟著不處理，直接飛回台灣了。我們匆匆忙忙離開，急著售車，自然也賣不到好價錢。所以，能在這麼短的時間賣出去，已經算我們運氣很好了！

② 實際自駕成本計算

　　之前是以持車1年計算，是為了方便讓只打算待1年的背包客參考。自己

的實際情形是從2018年10月底買車，持有到2020年3月下旬為止，以將近1年5個月的時間去做計算。

由於我們是省油小車，2週才加一次油，一次加澳幣25元就夠我們2週的上下班及採買等交通花費，最後得出各項成本花費如下。

類別	項目	費用（澳幣）	小計
一次性費用	買車	4300元	3287.8元
	賣車	1800元	
	過戶費	237.8元	
	RWC	550元	
路權與保險	路權（1年）	820.91元	2354.32元
	路權（半年）	362.45元	
	全險（1年）	865.51元	
	全險（5個月）	305.45元	
日常花費	油錢	875元	1193.12元
	維修保養	318.12元	
總費用			6835.24元

第1年在車子上的總花費為澳幣3722.34元，多待5個月，撇掉保險與路權續約，以及日常上的基本支出，總花費卻多了快1倍，其中最重要原因就是在錯的時間急著賣車，導致最終售價比預期低的多。

最後攤到1年5個月中（約517天），來看攤下來平均1天的自駕交通成本為多少。

▧ 13.22元/ 2人≒6835.24元（總費用）÷517天
▧ 13.22元/ 2人＝6.61元/人

因為我們是兩人購車分擔費用，所以自駕成本從原先的每天13.22元直接降一半到6.61元。

與原先的自駕成本比較

將持車1年與持車至離澳（1年5個月）的各項差額展開如下。

▫ 車子總花費差額：澳幣3112.9元(83.6%) ＝ 澳幣6835.24元 - 澳幣3722.34元。
▫ 一次性費用差額：澳幣2050元(165.6%) ＝ 澳幣3287.8元 - 澳幣1237.8元。
▫ 路權與保險差額：澳幣667.9元(39.6%) ＝ 澳幣2354.32元 - 澳幣1686.42元。
▫ 日常花費差額：澳幣395元(49.5%) ＝ 澳幣1193.12元 - 澳幣798.12元。

依照比例原則，在多待半年的情況下，路權、保險與日常花費等這種定期支出，只會比原先1年支出多出50%左右。

從結果數據可得知，定期性支出確實控制在範圍中，反之一次性費用的支出太高，比原先預定的多出澳幣2050元，也就是上述提到：價錢賣得比預期低，導致自駕成本上升的緣故。

最後我們來看持車1年與持車至離澳的每日交通成本比較。

▫ 自駕1年的每日交通成本：澳幣12.2元/ 2人→澳幣 6.1元/人。
▫ 自駕1年5個月的每日交通成本：澳幣13.22元/ 2人→澳幣6.61元/人。

自駕1年的數據，因為當時預估RWC費用落點在澳幣175 ～ 730元之間，所以每日交通成本取一個澳幣5.35 ～ 6.1元/人的區間，此處為方便計算，直接取最大值。

即便如此，上述結果也改變不了因為車賣的價錢低，導致每日交通成本拉高的事實。

但這樣就代表買車自駕不是一個好選擇嗎？不盡然，最後讓我們來看看自駕與搭乘大眾運輸工具的成本比較。

 自駕與搭乘大眾運輸工具的成本比較

先前文章（P.86）發於2019年，到了2020年，每日的票價上限又再次上

調。2019年平日全票澳幣8.8元、假日澳幣6.4元；2020年則調漲到平日全票澳幣9元、假日澳幣6.5元。

以Myki於官網2020年的收費版本做基準，假設不論平日或假日，每天通勤都會達到上限來看，我們簡單做一下差異比較。

Myki大眾運輸收費標準（最新收費標準請參考Myki官網）				
	每天單人單趟金額（澳幣）	1年使用天數	單人金額（澳幣）	雙人金額（澳幣）
平日全票	9元	260天	2340元	4680元
假日全票	6.5元	105天	682.5元	1365元
總金額			3022.5元	6045元
平均1天花費			≒8.28元	≒16.56元

自駕1年5個月的每日交通成本（澳幣6.61元）＜大眾運輸每日交通成本（澳幣8.28元）。

從上述比較結果得知，即便最終車子脫手時以賤價拋售，但是攤下來的交通成本仍然比搭乘大眾運輸工具划算！

數據證明，即便假日的票價比自駕便宜，但是平日的天數終究比假日多，等於自駕1週省下來的票錢約為澳幣11.73元/人。

▫平日5天省下：澳幣11.95元/人＝（澳幣9元-澳幣6.61元）×5天。
▫假日2天損失：澳幣0.22元/人＝（澳幣6.61元-澳幣6.5元）×2天。
▫每週可省下澳幣11.73元/人＝澳幣11.95元-澳幣0.22元。

不要看每週澳幣11.73元似乎很少，俗話說積沙成塔，每週省下這點小錢，1個月下來就有澳幣46.92元，1年52週下來就有澳幣609.96元！等於1年省下將近台幣12000元的交通費用。

所以說，錢不一定要犧牲生活品質才能省下來，也可以是精打細算每一筆花費，聰明存下來的。

⑤ 該不該買車代步？

　　有車後移動方便，重點是可以縮短燒錢找工作的時間。畢竟，乍到澳洲，趕快找到一份穩定的工作才是當務之急，不是嗎？買車不能當作一筆負債支出，而是要把它當作是一筆「資產」投資。

　　在抵達澳洲的頭2個月，我能深刻體會到沒車所帶來的不便，其中錢、時間與人情債三者所帶來的壓力，至今仍印象深刻。我知道很多人跟我們一樣，初期錢不多，所以容易陷入美其名叫做「為了節省經費」，難聽點就叫做「貪小便宜」的賭博心態。買車用賭的，運氣好一點買到一個報廢品，運氣差一點就買到修車錢比買車還貴的爛車，甚至是把命也賠進去的「賠錢貨」。

　　教大家一個轉換心態的方式：把擁有車的這段期間當作是長期租車，買車錢當作是給賣方的押金，換自己賣車的時候，押金就會從下一個買家手上拿回來，這一買一賣的差額，才是真正的持車成本。所以初期買車所花費的大手筆，在賣車後資金就會回籠。因此根本沒有所謂車子很貴這回事，文章上述的交通成本，足以證明這都是心態造成的問題。

　　省下交通費的前提是必須懂得如何挑到一輛好車，所以如果是考慮錢的問題，誠心建議一開始帶多點錢來澳洲，事前把驗車知識準備好，就能降低買到爛車或是報廢車的機率。重點是，不要陷入貪小便宜的心態！錢是小事，人財兩失才真不值得。

　　錢還只是其次，時間成本才是五顆星重點！人生很短，而留澳時間不等人！背包客待在澳洲的時間有限，耽誤不起短短幾年的澳洲光陰，相信沒有人希望寶貴的時間都花在等車跟搭車上，這段時間應該用來好好享受與體驗澳洲生活！

　　最後，就是人情債的問題。出來混，在外就是靠朋友，在沒車的情況下，不是搭大眾運輸工具，就是請人載。在請別人幫忙載一程的同時，也不要忘了，別人本來就沒有幫你的義務。有些人覺得付了車資，就沒有人情債的問題，但幫你的人卻不一定這樣覺得，他可能就是覺得你欠他一次，畢竟當事

人在幫助你的同時，也犧牲了自己的時間與情緒。求人與被求，兩者感受大不同。人性難以捉摸，要盡可能減少人情債的產生，不單只是避免造成他人的困擾，也是避免替自己找不必要的麻煩。

總結上述所說，買車有三大好處。

❶ **錢**：減少沒工燒錢的空窗期。

❷ **時間**：減少搭乘大眾運輸所消耗的時間成本。

❸ **人情債**：盡可能避免人情債的產生。

買車前切記：錢帶夠、做足功課，不要貪小便宜，免得吃大虧。

隨筆小記 × NOTES

維持良好的人際關係很重要

整個打工度假在疫情爆發的情況下提前結束，車子也在匆忙中三文不值二文賣掉，當下趕著離開，哪怕買方開價一千我們也得賣，只求當下對方馬上決定買車，別讓我們為了一台車，懸著一顆心即可。

還好老天沒有遺棄我們，離開前一天晚上，到同事家聚餐，我們主動開價一千，最後在同事主動提高價錢的情況下成交。

仔細回想起來還滿感動的，明明可以選擇我們的方案低價買到好車，但同事還是選擇多掏錢當作我們回程的盤纏。總而言之，慶幸我們的車子過戶到好人家，也謝謝同事辦歡送會，在最後關頭促成這段交易。

GREAT OCEAN ROAD

農場實務經驗談

FARMING STORIES

澳洲農場半年的採果生活

在 墨爾本的寒冬摧殘下,最後是透過朋友介紹工作機會,履歷投沒兩天,就錄取了位於墨爾本近郊的農場。誤打誤撞下,從2018年11月上旬開始我的採番茄生活。

隨著秋天到來,旺季已去,半年的工作合約結束,這篇文章簡單分享一下我半年來的農場工作概況。

1 公司概況

這半年來都在Warragul小鎮的番茄場採番茄,除了大番茄外,我們還有甜椒(紅椒、黃椒、綠椒,簡稱紅綠燈)跟長椒等農作物,而番茄是公司最主要的營收來源之一。

農場採用溫室種植,所以我們都在室內採番茄,四季都有工,只是工時長短會因果量的多寡而改變,且果量會受到季節與天氣的影響。

公司除了溫室農場外,同時也是蔬果包裝廠,整個廠區設有包裝廠在裡頭,因此每天採下的番茄(跟其他作物)都能直接送進包裝廠進行包裝與出貨。

公司成員的組成除了老闆跟主管是當地人,加上少數來自各國的正職員工外,剩下的清一色都是背包客,亞裔背包客又占其中的七、八成。也因為員工以亞洲人占多數,工作文化很「台灣」,因此被戲稱「很有台灣文化」的一間公司。

② 職位概況

　　薪資比照政府每年規範走的白工工作，每2週發薪一次，不論是哪種職位，只要是公司的非正式員工（也就我們這些背包客），依照當時Casual的規定（2019年6月30日為止），法定最低稅前薪資是澳幣23.66元/小時（18.93×1.25），稅後約澳幣20.11元（折合台幣約420元/小時）。

　　依照職位大分類可以分成採果（Picking）、包裝（Packing）與植物照護（Crop Care）三種，在投履歷時無法自己選擇，而是由公司決定職位。

　　職務都分別設有不同的績效指標，像是採果的我們，KPI就是採果速度，超標就能拿到額外的獎金，因此我們的薪資結構如下。

澳幣24.36元＋績效獎金＝稅前薪資/小時（2021年7月以前，Casual稅前薪資來到澳幣24.36元）。

③ 工作與生活

　　根據季節的日出時間不同，以及夏令時間的轉換，我們的上班時間也有所變化，從最早6點～7點半都經歷過。每天安排的果量都必須採完才下班，有時採完還得進包裝廠支援，所以沒有固定的下班時間，但基本下班時間都落在下午3點～5點左右。

　　下班後就是回家跟其他室友搶浴室、搶廚房、把家事做好、隔天便當準備好，剩下就是滑手機休息等9點熄燈睡覺。可說是日出而作、日落而息，典型的農家生活。

　　從11月待到5月的我們，經歷過由淡季轉旺季（春→夏），又逐漸由旺季轉淡季（夏→秋→冬）的過程，因此溫室採果的好壞，可說四季都體驗過一回！

　　天冷時，進溫室就像是進了暖氣開好開滿的屋子；颱風下雨時，不須忍

受風吹雨淋，尤其是天冷又颱風下雨時，能感受到不用受風寒就能採果的幸福；天熱時，溫室聚熱效果會使室內溫度比外頭明顯高上5到10度，因此夏天常在感覺快中暑的狀態下採果。簡單來說就是冬天很溫暖，夏天很悶熱。

4　兩極化的評價

這間番茄場，在背包客的評價中很兩極，有些人說這裡簡直就是天堂，也有人覺得根本不是人待的地方。至於為什麼會兩極化，很大部分跟每個人過去在澳洲的經歷有關。

有些人待過的農場，工作負荷沒這麼高，與之同時也享受到更好的福利與薪資，自然覺得這裡的待遇不是很好；反之有些人在黑心農場受盡折磨，不論是護照被扣押，還是被騙去做免費勞工，甚至是沒工、被騙住宿錢，費盡千辛萬苦才逃出來，來到此處就覺得這裡簡直是良心企業！

正因為每個人在澳洲的經歷有所不同，因此幸與不幸、好與不好，都是根據過往經驗比較出來的。

5　個人待半年的評語

打工度假簽證，顧名思義就是「打工」加「度假」的簽證。有些人著重在前者，有些則將重點放在後者，而有些人則是希望能在兩者間找到平衡。不論是上述哪種類型的背包客，都有著各自集二簽的理由與需求。

像我們情侶檔就屬於希望在「打工」與「度假」之間找平衡的人，不僅想要打工存旅費，最好是度完假後還能有筆積蓄帶回台灣。除非運氣好，不然1年的時間既要存錢又要玩，一來時間不允許，二來錢也可能不夠花，更不用談存錢回台灣了。

在背包客群中口耳相傳的說法：「想集二簽就存不到錢，想賺錢就集不到二簽。有一好沒兩好，存錢與二簽，你只能選其一。」這也是歷年來許多

背包客用自己有限的時間，得到的寶貴總結。

　　剛來到這間農場時，一開始還沒什麼感受，畢竟當時的我們，也只是來澳洲3個月還找不到工作的新包。在聽了許多背包客分享自己在澳洲所發生的故事後，現在回過頭來看自己在澳洲的種種遭遇，只能說我跟女友真是幸運，在一簽時就來到一間「還算不錯」的農場！

　　這間農場雖說工時穩定、一年四季有工，但是國定假日會故意調班讓我們薪水無法加成；每天上超過8小時也沒有補償；六、日加班也沒額外加薪。你要說這是地獄，工作氛圍與文化確實很糟糕；你要說這是天堂，的確是一個既能集二簽又能存錢的好地方。

　　不論這間公司是天堂還是地獄，只要在可忍受範圍內能集到二簽跟存到錢，咬牙撐過去不就都是你的嗎？最起碼集二簽跟存錢，這兩個看似魚與熊掌不能兼得的獨立目標，能在同個時段一起達成，是何等幸運的事？苦一下就過了。對我們來說，等於是一簽內該做的主線任務已經提前完成，剩下的時間，就看我們是要規劃二簽或旅遊行程都綽綽有餘。

　　公司的旺季落在12月到2月左右，也是番茄與青椒的旺季。我們運氣很好，在旺季之前先進來練手，等旺季一到、工時一長、績效一好，薪水自然就高；轉淡季之後，我們帶著集好的二簽跟存款去逍遙。

　　總結來說，我不知道這裡算是天堂還是地獄，因為這裡有好有壞，但我知道許多背包客排隊等著進來，許多一簽合約到的人二簽後又回來，尤其是農場放寬合約工作天數的限制，工作合約從半年一簽改成1年一簽後，未來想進來只會更加困難。

6 用過來人的經驗少走冤枉路

　　這篇文章算是簡單對我的採果生活做個開頭，接下來將繼續分享我的農場生活，以及採果技巧的心得給大家。可能有人會問說：「為什麼要看你在農場的經驗談還有心路歷程？」

表面看似全然不同的事物，可能底層邏輯是相通的。即便落地後不一定會來到我所屬的農場工作，甚至不會選擇從事農業相關工作，但是透過我收獲的所見、所聞與所想，即使處在不同公司、產業，連工作細節可能都不一樣，但是「核心觀念」卻可能是相似、相連與相通的。

　　即便你我身屬不同產業，但賺錢這件事其實背包客都差不多，看了我的故事後，你就能有個比較基準。例如，肉廠、採果、包裝都講究「效率」，在後面的篇幅中，我將提到「先求有、再求好、最後再求快」的心法就用得著；如果待的農場採計件制，即便薪資組成與我所待的農場不同，仍可以透過拆解薪資組成的方式獲得績效公式，然後推算出自己的時間價值；雖然你我的時空環境背景不同，但當你遇到挫折、遇到空降主管或遇到差別待遇時，透過我自身經驗的分享，「心有戚戚焉」這件事是不變的。

　　還記得我在即將退伍之際，我的長官曾說過：「每個人都有屬於自己的人生故事，礙於我們時間有限，無法一一體驗。」因此，必須把握每次的機會教育，多聽、多問過來人的人生經驗，把他人過往的經驗變成自己的，就可以少走很多冤枉路。

　　現在，我也有了自己的故事，希望能夠透過自身經歷，作為後進者的引路人。更重要的是，我希望這些淬鍊後的觀念，不只在澳洲用到，即便畢業離澳後，還能在往後的漫漫人生中發揮作用。

　　就像我在 P.123 的〈如何成為一個採果快手快快手〉的結語提到：「觀念對了，它會伴隨到工作上的每個細枝末節，當別人問你為什麼要這樣做時，你都有理可據。」希望在看完了我的務農故事後，能對你有所啟發，往後每當有人問你：「人生為什麼要這樣過？」時，你都有理可據。

　　前言就說到這，讓我們趕緊進入下個篇章吧！

我在澳洲農場半年的薪資結構分析

在我剛到澳洲時，當時的簽證還有工作半年得換雇主的限制（特定地區與產業除外），因此「半年」賺多少錢變成一個參考基準。就連我所待的番茄場，入職當天也只簽半年的工作合約。

因此許多人開始很好奇：「番茄場待半年能賺多少錢？」因此本文就來幫大家解惑，從2018年11月至2019年5月，我整整半年賺了多少。

俗話說：「夢想很豐滿，現實很骨感」，剛開始入職受訓那2週，覺得薪水有點少，原定的存款計畫似乎不可行，必須有所調整，本來預計半年能存到至少澳幣10000元，但實際領到薪水後，推估半年下來只能勉強存到澳幣8000元左右。

殊不知，受訓後不久馬上迎來番茄旺季，番茄棚天天爆果，績效賺滿滿，然後進包裝廠繼續賺，只要有心願意賺，週週破千元幾乎不是問題。最後，不只達到原訂存款破萬的目標，還超標了一些，讓我們一掃當初哭窮的窘境，還能撥一筆旅遊費去雪梨、黃金海岸跟布里斯本。真是可喜可賀、皆大歡喜的結局！以下為離職前，最後一期薪資單。

BSB	Account #	Account Name		Amount				
063001	1107*****	████████████		$866.79			Entitlements	Hrs/Units
							Annual Leave	0.0000
	Taxable	Non Taxable	Gross Pay	Tax Withheld	Deductions	Net Pay		
This Pay	$1,020.79	$0.00	$1,020.79	$154.00	$0.00	$866.79		
Y.T.D	$26,837.87	$0.00	$26,837.87	$4,028.00	$0.00	$22,809.87		
Payments			Hrs/Units	U.O.M	Pay Rate	Factor	Amount	
Casual			33.5100	Hours	$18.9300	1.2500	$792.93	
Bonus - Picking			1.0000	Each	$227.8600	1.0000	$227.86	
Employer Paid			Hrs/Units	U.O.M	Pay Rate	Factor	Amount	
AMP D3FZJ4 (Employer) %			9.5000	Percent	$1.0000	1.0000	$75.33	

最後一期薪資單。

總結半年收入如下（澳幣、稅後）

- 半年共賺了：22809.87元，工作26週。
- 平均週薪≒877.302元。

26週以來薪資結構組成（澳幣、稅後）

- 總工作時數：916.21小時（不含加班）。
- 基本薪資：18423.88元。
- 採果績效：3778.19元。
- 包裝績效：149.9元。
- 植物照護績效：19.4元。
- 國定假日加班：438.79元。

　　雖然專職是採果，但在旺季、訂單多或包裝人手不夠時，採果1週有2～3天要去支援包裝部門（甚至是每天），可以說，主要工作雖然是採果，但整體工作是「主採副包」的情況。

　　支援包裝已成常態，其中植物照護跟國定假日加班是特例情形，半年來只發生過3天，去掉這兩項，我們重新計算結果。

每週薪資結構組成（澳幣、稅後）

- 半年總共賺了：22809.87元，工作26週。
- 扣掉植物照護＆加班後為：22351.68元。
- 平均週薪：859.68元。

每週薪資組成（澳幣、稅後）

- 平均工作時數≒35.24小時。
- 基本薪資≒708.61元。
- 採果績效＝145.315元。
- 包裝績效≒5.765元。

　　先說自己的感想與心得，自己當初設定的目標是：每週「至少」賺澳幣750元、存澳幣500元，其中每週生活花費要壓在澳幣250元內，包括吃、住、

交通、電話、生活用品，以及娛樂等生活大小事。

　　半年下來，確實每週存了至少澳幣500元，而且超標澳幣150元左右，有時還能奢侈一下，去鎮上或是市區吃大餐。不過以上只是粗算個大概，因為小數點的關係，數字多少會跟薪資單上有些誤差。

　　在粗算背後，發現心酸的事情隱藏在數字後頭。採果跟包裝的時間大概2：1左右，等於1週大概採果24小時、包裝12小時，但兩者績效獎金卻差了25倍！看到包裝績效半年來只有澳幣150元，26週下來平均1週只有澳幣5.76元，在包裝部門，努力也拿不到多少績效，不如穩穩賺時數比較實在。

　　反之，若在採果部門，除基本薪資外，額外的績效獎金都能視為自己每小時加薪多少錢。以我自己為例，若每週採果24小時，績效獎金澳幣145元，換算下來就是在採果的時數內，為自己每小時加薪澳幣6元（詳細的計算會在後續文章探討），等同於時薪從稅後澳幣20.11元變成澳幣26.11元。

 半年農場薪資

　　看到這邊，可能會有人想說：「半年可以賺稅前澳幣26000多元，照這樣的進度條走，來澳洲1年真的能夠賺到年薪百萬！」本來我也這樣盤算，但誰知道淡季真的超淡，週薪直接砍半！5月合約一結束，我們馬上回台3週，回澳再玩3週，之後回鍋採番茄，才發現農場的冬天錢難賺。

　　一來是去年找工的經驗告訴我們，冬天的墨爾本，工作超級難找！二來去其他城市發現不是等工就是黑工。研究來、研究去，為了配合年末雪梨跨年，最後決定不跨州移動，離開熟悉的墨爾本生活。回到番茄場，淡季雖然沒有之前旺季好賺，但至少在凜冬將至之際，還夠免強餬口，最起碼不會動到現有的存款。

　　回到熟悉的農場，持續在早上6點起床、中午就下班的健康生活中，慢慢倒數即將期滿1年的澳洲生活，並盼著下個春天的到來。

如何成為一個採果快手快快手：掌握核心觀念與時間背後代表的意涵

番茄旺季之前，不時都要到棚內幫忙照顧幼苗，見證幼苗長大的每一天。有天忽然靈機一動，每年9月中下旬，採果團隊陸續有菜鳥加入與老鳥回鍋，不如就趁淡季清閒時，把採果快手攻略寫出來。

① 採果的薪資結構

最基本的莫過於薪資計算方式，我真心覺得最重要，偏偏卻是最少人關心的一塊。明明報到第一天發下來的資料都有提到，許多人到了離開的那一天，還是不懂薪資的計算方式（主要是不懂績效獎金的部分）。關於薪資結構如下。

總薪資＝〔基本薪資（採果時數×每小時時薪）＋績效獎金〕

績效獎金則拆成三塊，績效獎金＝採果時數×採果速度（每小時多採幾公斤）×係數

係數是按照公司的規章決定的，每個部門或是工作崗位，都有不同的速度要求，也都有不同的係數值當作依據。根據訓練手冊中的績效係數，採番茄的要求是每小時最少要採300公斤，而採番茄的係數則是0.03，所以採番茄的績效獎金計算方式如下。

> 績效獎金＝採果時數×（每小時採果重量-300）×0.03

最終採番茄的薪資結構組成如下。

> 總薪資＝採果時數×每小時時薪+採果時數×（每小時平均採果重量-300）×0.03

希望大家能先懂薪資結構的組成，因為後頭有提到數學或數字的部分，對文章後續的內容才會有更深刻的了解。

採果的時間概念

我們番茄場在採果時，不是背著或拿著桶子，而是有專門的採果車，車上有四十個盒子，基本一盒要至少5公斤，因此通常一車採完要有200公斤（扣掉車子與箱子重量）。所以公司要求每小時最少要採300公斤，也就是每小時下來至少要採1.5車以上，才能額外拿到績效獎金。

採完之後，還要到機器的位置輸入車子的代碼，一來確認這台車的主人是誰，二來就能記錄這車採了多久，供每週計算速度表使用。因此大家都能看到自己採滿一車要花多久時間，但很少人知道背後代表自己一車換算下來的速度多快。幾經推導後，我判斷每車時間換算下來是多少時速的公式如下。

> 每小時公斤數（時速）=200×60÷一車時間（分鐘）

因此，當自己一車採20分鐘，算下來時速就是每小時能採到600公斤，背後的意思就是只要保持這樣的速率不變，也就是1小時採三車下來，就能賺到額外的績效獎金澳幣9元（績效獎金9元=1×（600–300）×0.03）。

所以看自己採一車花了多久時間，我們就能知道每車時間背後代表：在速度保持不變的情況下，自己每小時的採果速度為多少，績效獎金又有多少。

採果	一車速度/分鐘	時速	時薪加成	採果	一車速度/分鐘	時速	時薪加成
	1	12000	351.00		25	480	5.40
	2	6000	171.00		26	462	4.85
	3	4000	111.00	修行 在個人	27	444	4.33
	4	3000	81.00		28	429	3.86
	5	2400	63.00		29	414	3.41
	6	2000	51.00		30	400	3.00
	7	1714	42.43		31	387	2.61
快到 你看不見	8	1500	36.00		32	375	2.25
	9	1333	31.00		33	364	1.91
	10	1200	27.00		34	353	1.59
	11	1091	23.73	師父 領進門	35	343	1.29
	12	1000	21.00		36	333	1.00
	13	923	18.69		37	324	0.73
	14	857	16.71		38	316	0.47
	15	800	15.00		39	308	0.23
	16	750	13.50	基本門檻	40	300	0.00
	17	706	12.18		41	293	0.00
神人等級	18	667	11.00		42	286	0.00
	19	632	9.95		43	279	0.00
	20	600	9.00		44	273	0.00
	21	571	8.14	Training	45	267	0.00
快到 吃手手	22	545	7.36		46	261	0.00
	23	522	6.65		47	255	0.00
	24	500	6.00		48	250	0.00

每車所需時間，以及換算下來每小時對應的時速與獎金。

依照上述計算方式，我把採果比較常見的時間區間列出來，並將換算下來的時速與獎金整理成左方表格（P.118）。

數字看起來多，但不用刻意記公式，也不用全背下來，記幾個常見的時間點跟時速即可，也就是表上標註藍色字體色的部分。一車所花時間如下：

- 40分鐘：時速300公斤/小時，公司要求最低目標值。
- 30分鐘：時速400公斤/小時，每小時績效獎金澳幣3元。
- 24分鐘：時速500公斤/小時，每小時績效獎金澳幣6元。
- 20分鐘：時速600公斤/小時，每小時績效獎金澳幣9元。
- 15分鐘：時速800公斤/小時，每小時績效獎金澳幣15元。

速度300公斤/小時以後，每100公斤/小時就記著對應的時間點（時速700公斤/小時算換回去一車要採17.14分鐘左右，非整數不好記，因此略過），雖然採果的時候速度不會剛好落在上述的數值上，但可以透過彼此之間的間隔去抓一個大概的速度。

假如自己這一車採在27分鐘，落在24～30分鐘的區間，等於速度就落點在400～500公斤/小時左右，我們將24～30分鐘每分鐘當一個區間，等於每快1分鐘，速度大概提升16公斤/小時左右，等於27分鐘大概的速度是448公斤/小時，跟公式算下來的444公斤/小時差異不大。

 ## 採快不是唯一重點

談完量化指標薪資結構組成，還有影響績效獎金的時間與速度後，再來談採果前必須要有的核心觀念。

很多人在新訓時期，因為速度不達標，一直被要求速度弄到壓力山大，通常等到速度穩定下來後，「採得越快越好」的觀念也會定型，因為有績效獎金可以賺。因此「如何在最短的時間內採完一車」就變成他們關心的課題。

這觀念不能說不對，只是在意的點就只在「速度」這一個變量上面。還記得上述提到時速的公式：**每小時公斤數（時速）=200×60÷一車時間（分鐘）**。

60指的是每小時60分鐘，而60除以一車採幾分鐘，代表1小時下來能採

幾車，最後再乘上每車要求的重量200公斤，就能得到每小時的時速為多少。因此除了速度外，重量其實也占有一定程度的影響。假設在每車花費時間相同的情況下，如果同時提升每車採到的公斤數，時速也能夠同步提升。

假如我現在一車20分鐘，一車重量為220公斤，1小時下來：

每小時採660公斤=220×60÷20→**績效獎金從澳幣9元提升至10.8元。**

單看速度，20分鐘本來時速只有600公斤/小時，但是當我們刻意增加重量時，同樣時間下卻能夠獲得更高的時速，相對也提升每小時的績效獎金。

假設：一車重量／公斤，從200公斤→220公斤			
一車時間／分鐘	換算時速／220公斤	原速度／200公斤	差額
15	880.00	800.00	80.00
16	825.00	750.00	75.00
17	776.47	705.88	70.59
18	733.33	666.67	66.67
19	694.74	631.58	63.16
20	660.00	600.00	60.00
21	628.57	571.43	57.14
22	600.00	545.45	54.55
23	573.91	521.74	52.17
24	550.00	500.00	50.00
25	528.00	480.00	48.00
26	507.69	461.54	46.15
27	488.89	444.44	44.44
28	471.43	428.57	42.86
29	455.17	413.79	41.38
30	440.00	400.00	40.00

同樣的時間下，重量增加10%，速度也會等比例增加10%。

因此採果的觀念就要從「如何在最短的時間採完一車」變成「如何在最短的時間採到最重」。在上述核心觀念下，我們可以再展開次要觀念。

時間

- 只要沒在採番茄，就等於沒有輸出，要盡可能的縮短零輸出時間。
- 猶豫會拖慢時間，要把理想上的觀念變成實務上的直覺。

重量

- 剪一刀的代價，是要增加一串番茄的重量，而非減少番茄重量。
- 轉色番茄可不剪，留果是為了更重的明天。

④ 採果者該有的觀念

滿常會有新人會詢問老手或快手說：「要怎麼才能採得快？」通常不外乎會有兩種回答。

❶ 沒有啊，採久就會快了！（明顯敷衍）

❷ 你可以先從基本動作學起，雙手要一起有節奏的做事，左手拿果右手剪、左手放果右手沾……。

自己本身不屬於上述兩種，我是觀念派的，先把觀念教對了，再來談採果技巧的傳授，圍繞著快與重量兩個變量，就能思考出最佳的採果方式。

不論是求快還是求重量，回歸根本就是與「基本動作」有關，就像武俠小說提到功夫的基礎就是馬步要扎得穩、太極要求下盤穩。

當基本功不足時，宛如正在學爬就想跑，容易事倍功半，甚至傷了自己，因此建議「先求有、再求好、最後再求快」。

採果就是那幾個動作，然後反覆做到下班，因此如何減少多餘的動作就是重要的核心課題，不要急著想賺績效獎金，先把採果的基本功練好，練起來後，之後拿到的績效獎金會將前面沒賺到的錢補回來。

求有的階段

　　這階段處於摸索期，是新人正被速度追著跑的階段，當新人在觀察或是詢問老手採果技巧時，不要照單全收，因為適合他人的採果方式不一定適合你。就像高跟矮的人採法不一定一樣，採法也可能依照性別有所差異，體力也是差異之一，建議先找到通用性高的採果技巧來使用。我剛到採果團隊時，當時最快的前三名都是女生，而且都不高，所以採果速度的快慢無關性別，而是與「技巧」有關。

求好的階段

　　處於時速 300 ～ 500 公斤/小時的階段，這階段最關鍵的就是找到讓自己好採果的方法。有了初期詢問或是觀察其他人的採果方式，自己去整合各方資訊，試驗各種採果方式的好與不好，為自己量身打造屬於自己的採果方式。

　　就像最上述的速度表（P.118）有提到，速度 300 ～ 400 公斤/小時是師父領進門，意思是自己必須去找人學；速度 400 ～ 500 公斤/小時就是修行在個人，自己必須在各種不同的採果技巧中，找到最適合自己的那一套。

求快的階段

　　該階段屬於時速 500 公斤/小時以上的範疇，這階段就是找到屬於自己的採果 SOP 之後，有紀律的遵守，以及嚴格執行 SOP，然後將整套作業標準的速度加快！動作只要快起來，採快的過程中就會發現哪些動作不順手，或是阻礙採果進行，自己就會再去思考要如何調整與改善。

　　另一個就是新觀念導致採果流程改變，當自己在思考要如何更快之餘，有時候會在被大家忽略的細節中，領悟到新觀念。

　　就像當初自己速度上不去 600 公斤/小時，忽然想到重量也是該考量的部

分，之後雖然自己每車的時間還是差不多，但速度卻因此衝上600公斤/小時。

　　另外就是對快手來說，快手更能清楚認知到時間的重要性，因為快手的每1分鐘造成的速度損失，跟慢的人比起來差太多，因此在採果的具體作業上，考量的SOP會更多。同樣是慢1分鐘：

- 一車20分鐘變到21分鐘，等於速度從600公斤/小時，掉到571公斤/小時，少了29公斤/小時；
- 一車24分鐘變到25分鐘，等於速度從500公斤/小時，掉到480公斤/小時，少了20公斤/小時；
- 一車30分鐘變到31分鐘，等於速度從400公斤/小時，掉到387公斤/小時，少了13公斤/小時；
- 一車40分鐘變到41分鐘，等於速度從300公斤/小時，掉到293公斤/小時，少了7公斤/小時。

　　所以對快手而言，時間很寶貴，1分鐘都經不起浪費！公司績效獎金的計算方式，明顯闡述何謂「Time is Money」。

⑤ 掌握核心觀念與時間背後代表的意涵

　　很抱歉無法對於具體的採果實戰給予更實際的建議，因為我相信在實務上，沒有所謂最好的作法，只有「最適合自己」的作法。

　　就像不同的網路購物平台，背後的管理與經營方式多少都會有變化；美食報導上的燒烤店介紹，同樣都是做燒烤的店家，但是每間燒烤店的主廚，不論從備料到燒烤方式上，都會有不同的做法；同樣是採番茄，每個人採果的方式多少都有落差。

　　從較為抽象的觀念下手，我認為更妥當，一來是因為這是我半年來採果經驗所得到的領悟；二來是因為我相信：一個觀念對了，它會伴隨到工作上的每個細枝末節，當別人問你為什麼要這樣做時，你都有理可據。

基本時薪與績效獎金，專注何者才划算？

在我所待的農場，採手都在乎一個問題：「基本時薪和績效獎金，賺哪個才划算？」

對快手而言，採快雖能多賺獎金，但是如果沒有拿捏好時數與獎金之間的平衡，其實吃虧的反而是自己；對公司而言，採手採得越快，他們省下的人事成本就越多。舉個例子就能明白，同樣採1小時，甲的速度300公斤/每小時，跟乙的速度600公斤/每小時，在2019年的稅後時薪如下。

甲：澳幣20.7元＝澳幣20.7元（ 時薪 ）+1×（ 300-300 ）×0.03（ 績效 ）

乙：澳幣29.7元＝澳幣20.7元（ 時薪 ）+1×（ 600-300 ）×0.03（ 績效 ）

乙的速度比甲整整多出1倍，時薪卻只比甲多澳幣9元。反過來想，若乙的速度跟甲一樣，不就意味著公司得多招一個人，才能補足速度慢的缺口？因此乙的速度若跟甲一樣，等於公司每小時要再多花一位採手的成本。

由此可見，乙看似每小時多賺澳幣9元的績效獎金，其實是幫公司省下每小時澳幣11.7元的人事支出，相當於省下56.56%的人事費，等於變相少了一位背包客的工作機會。因此與其說是採得快所以得到績效獎金，還不如說是因為幫公司省下人力成本，所以撥點獎金當作回饋比較實際。

1 賺哪種划算？

從上述假設得出的結論可知，公司在要求每小時至少採300公斤的目

標下，基本時薪（稅後）為澳幣20.7元，但速度在600公斤/每小時得到的獎金卻只有澳幣9元，慢慢賺時數的方式明顯勝於績效。<mark>只有速度快到績效獎金＞基本時薪時，賺績效獎金才比較划算。</mark>因此我們可從薪資結構的公式推導，求出績效與時薪之間的平衡點。

基本時薪 = 採果時數×每小時時薪

績效獎金 = 採果時數×（每小時採果重量-300）×0.03

採果時數×每小時時薪 = 採果時數×（每小時平均採果重量-300）×0.03

20.7=（每小時平均採果重量-300）×0.03→每小時平均採果重量

=990公斤/每小時。

從公式中可得出以下結論。

❶ 當採果速度＜990公斤/每小時，基本時薪＞績效獎金。

❷ 當採果速度＝990公斤/每小時，賺績效獎金或基本時薪都可以。

❸ 當採果速度＞990公斤/每小時，績效獎金＞基本時薪。

　　每小時採990公斤是什麼概念？意思是必須在12.12分鐘左右採完一車，也就是每小時須採滿將近5車。從我過去半年採果經驗看來，還沒看過誰能每小時採到990公斤，就連當時的採手第一名，旺季時速度700多公斤就是極限，可以說990公斤/每小時在單人績效的模式下幾乎達不到（團隊合作能達到），所以到底賺基本時薪還是績效獎金划算？答案已經很明確了。

❷ 切莫撿了芝麻，丟了西瓜

　　每當有人問我說：「績效與時薪要賺哪個划算？」其實都賺才是最好的，但這說法只有在夏天爆果，果採不完的情況下，才能將收益最大化。

　　更多的時間，都是在績效與時薪之間做取捨，像是冬天淡季時，別說績效獎金了，連公司要求的300公斤/每小時都達不到標，不僅沒果可採，中午前就被迫下班，這時如果還為了獎金去犧牲時數，怎麼想都不划算。

至於春天的情況，大部分是每週一、二有果，週四、五沒果，但果再多，終究不像旺季爆果一樣，怎麼採都採不完。面對這種尷尬的情形，採手就會考量如何不讓後兩天的速度把前兩天的績效吃掉。

若完全理性思考，其實根本沒有賺績效獎金的必要性，但在現實情境中，仍有許多情況須納進考量。像公司主張採手一起採完、一起下班，表示在大家工時差不多的情況下，想要得到多一點的薪資，就必須採得快，才能在相同的時間內獲得更高的報酬，因此績效獎金在其中就會起到關鍵性的作用。

另外，採得快可以讓自己分配到較多的採果區域，所以速度排名也會影響工作量的多寡，因此對快手來說，分到的區域越多越好，表示在同樣的工時下，自己的時間價值相對較高。還有當別人採得快而你採得慢，你的採果區域就會被其他快手瓜分，所以想要靠慢慢採賺時數，最後反而會壓縮到自己的時數，還沒有獎金可賺。

種種現實上的因素，讓採手有不得不採快的理由，只能說公司不只在制度設計上有一手，連制度在什麼情境下能發揮效用都考量到了，令我十分佩服。不是說賺獎金不可以，只是在賺績效獎金時，不要忘記基本時數才是根本，以免造成因小失大，捨本逐末的情形發生。

③ 不要跟自己的薪資過不去

在公司績效獎金的制度下：對公司而言，採越快省越多成本；對員工而言，採越快賺越多獎金，變相害其他背包客沒有工作。

賺哪個划算？即便你的速度夠快，績效獎金賺再多，也很難超越用時數換來的基本時薪，因此最好的情況莫過於兩個都賺。但在現實的情境中，更多的情形是「兩相權衡取其利」，雖然從制度設計上可以看到，大部分的情況都是基本時薪優先，甚至壓根不須考慮績效獎金的存在，但只要放對情境，績效獎金的吸引力就能讓大家爭著去採快。

因此如何權衡各項因素，就得看每位採手考量自身的採果狀況，如何在績效與時薪之間做平衡與取捨，找到屬於自己的最佳解。

要時數還是要績效？原來打卡的先後順序也是一門學問

會開始思考這個議題，是因為有天在採果時，如往常一般到了休息時間，一位資深老包問我一道題：「休息時間到時，應該先走到離溫室出口最近的打卡機，打卡後休息；還是先找離自己最近的打卡機先打卡後，再去休息。究竟哪種打卡方式對我們來說比較有利？」

仔細觀察後發現，原來每當廣播休息時，每個人不外乎都是從上述兩種方式挑一種打卡。於是我開始去思考，哪種打卡方式才能賺得比較多？最後得出一個結論：不論採果的速度快慢，選擇前者才是最符合採手的經濟利益。怎麼得出以上結論呢？以下讓我們開始慢慢分析。

 ## 薪資結構組成

要談上述問題之前，必須先從我們採果的薪資結構組成說起。先前提到的薪資計算方式如下。

總薪資＝基本薪資(採果時數×每小時時薪)+績效獎金。

績效獎金的計算上又拆成三塊：

績效獎金＝採果時數×採果速度(每小時採幾公斤)×係數。

每個部門或是工作崗位，都有不同的速度要求，像採番茄要求每小時最少要採300公斤，而採番茄的係數則是0.03。

所以採番茄的績效獎金計算方式如下。

績效獎金＝採果時數×（每小時採果重量-300）×0.03。

最終，採番茄的薪資結構組成為下列公式。

總薪資＝
採果時數×每小時時薪+採果時數×（每小時平均採果重量-300）×0.03。

② 要時數還是要速度

理解採番茄的薪資結構組成後，我們就能文章開頭的問題糾結點在哪裡。

首先，休息時間到，要先從棚內走到休息室。由於溫室棚很大，如果你是從棚尾走到入口，基本步行要再花5到10分鐘的時間左右，如果先在棚尾打卡再走到入口，不僅損失這幾分鐘的工作時間，還少休息5分鐘以上，但好處是不會損失這5分鐘的採果速度；反之，若是走到離入口最近的打卡機才打卡休息，你可以多5分鐘的工作時間，休息時間也不會損失太多，但損失這5分鐘的採果速度，休息之後要趕進度回來。

簡單來說就是：到離最近溫室入口的打卡機才打卡休息，就是多賺基本時數，少賺採果績效；反之找離自己目前最近的打卡機先打休息卡，就是多賺採果績效，少賺基本時數。

哪個打卡方式才能讓採手收益最大化？賺時數還是賺績效？看到這裡，希望大家能先選擇自己認為正確的答案，並給出一個理由。接下來我繼續分析，看看跟大家想的答案與理由有多少差異。

③ 採果速度對績效獎金的影響

知道公司對於採果的薪資計算方式之後，我們就可以從績效獎金結算的角度分析。採果每週的工作天為4天，分別為週一、二、四、五，平均速度跟工作時數則是每週計算一次，所以當每週的速度報表出來後，就可以計算自己這週在採果部門賺了多少錢。

均速降低，績效獎金不會減少

若今天採果速度為400公斤/小時，共採10小時，一天的績效獎金有澳幣30元（30=10×（400-300）×0.03）。隔天，速度為300公斤/小時，同樣採10小時，均速掉到350公斤/小時，但兩天累積下來的績效獎金還是澳幣30元。

- 2天時數：20小時=10+10。
- 2天均速：350公斤/每小時=（400×10+300×10）÷（10+10）。
- 績效獎金：30=20×（350-300）×0.03。

從上述兩種結果差異得知：雖然均速降低，但績效獎金不會減少。另外，速度下降後，兩天算下來仍獲得相同的績效獎金，其績效將金都來自於第一天的速度。

均速降至公司目標值，績效獎金會減少

現在換個假設，第一天的情況跟上述一樣，但隔天的採果速度只剩下299公斤/小時，這時候2天累積下來的績效獎金就會變成29.7元。

- 兩天時數：20小時=10+10。
- 週均速：349.5公斤/每小時=（400×10+299×10）÷（10+10）。
- 績效獎金：29.7=20×（349.5-300）×0.03。

從以上結果得知，均速不只變低，來自第一天的績效獎金還減少了！從上述假設差異得知：當採果速度慢到低於公司目標值，績效獎金就會被吃掉。由於公司是每週結算一次速度，因此我們根據以上概念，改以週結算做下列幾項假設。

❶ 假設一

一個人採果速度1週下來，均速是350公斤/小時，共採了40小時，可以得出1週的績效獎金為澳幣60元。

- 績效獎金：60 = 40×（350-300）×0.03

❷ 假設二

一個人前兩天的均速是400公斤/小時，採了20小時；後兩天則是300公斤/小時，也採了20小時，可以得出1週的績效獎金仍然為澳幣60元。

- 採果時數：40小時 =20小時 +20小時。
- 週均速：350公斤/每小時 =（400×20+300×20）÷（20+20）。
- 績效獎金：60元 = 40×（350-300）×0.03。

從假設一與假設二的結果得知，當前兩天採果速度超過目標值，而後兩天速度剛好在公司要求的最低標，乍看之下後兩天採得慢會讓獎金變少，但其實只要上週均速不變，績效獎金不會因後兩天速度變慢而有所影響。

❸ 假設三

一個人前兩天的均速是400公斤/小時，採了20小時；後兩天則是200公斤/小時，也採了20小時，可以得出1週的績效獎金為0元。

- 採果時數：40小時 =20小時 +20小時。
- 週均速：300公斤/每小時 =（400×20+200×20）÷（20+20）。
- 績效獎金：0 = 40×（300-300）×0.03。

從假設三跟假設二比較起來，可以發現當後兩天的速度低於公司要求的目標值時，前兩天超標的速度才會被後面的低標拉低，使績效獎金從原本的澳幣60元變為0元。

假設結論

根據上述三種假設推論可得知，只有在採果速度低於公司要求的標準時（300公斤/小時），才需要去擔心採果速度是否會慢到拉低平均，把績效給吃掉。了解這一點後，回到文章開頭的問題：哪種打卡方式對採手來說比較有利？休息時間到時，應該先走到離溫室出口最近的打卡機，打卡後休息；還是先找離自己最近的打卡機先打卡後，再去休息。

這時候我們已經知道，若均速都能保持在標準以上（每小時至少300公斤），選擇第一種打卡方式才較為理想，因為在績效獎金不會減少的情況下，你還能多賺那5分鐘的基本薪資。

反之，若自己的速度達不到公司標準，同樣選擇第一種打卡方式較為明智，因為選擇第二種方式的話，速度慢不僅讓你拿不到績效獎金，還得損失

這5分鐘的基本薪資，簡明來說結果如下。

當採果速度 ≧ 300公斤 / 小時
▫到離最近溫室入口的打卡機才打卡休息→多賺基本時數，採果績效不變。
▫找離自己目前最近的打卡機先打卡休息→採果績效不變，少賺基本時數。

採果速度＜ 300公斤 / 小時
▫到離最近溫室入口的打卡機才打卡休息→多賺基本時數，沒有採果績效。
▫找離自己目前最近的打卡機先打卡休息→沒有採果績效，少賺基本時數。

不論採果的速度快慢，第一種打卡方式才能讓採手的收益最大化。照著這結論走，就可以用同樣的邏輯去思考：休息回來後，是先走到離溫室入口最近的打卡機，打卡後開始工作？還是走到自己的工作崗位後，在開始打卡工作？如果有認真看內文，相信聰明的你已經知道哪個答案才是最佳解。

⑤ 破除速度至上的迷思

在得到連自己都訝異的答案前，我也跟其他採果快手一樣，休息時害怕晚打卡所導致速度變低、獎金變少，根據當下直覺所做出的判斷，選擇離自己最近的打卡機先打卡休息，也就是第二種打卡類型。這個結論破除採果者有的一個迷思：當自己沒有持續在採果時，隨著時間推移，績效獎金會減少。

我們已經用薪資計算的公式證明：績效獎金會減少的情形，只有在速度達不到公司要求（每小時300公斤）的情況下才會發生。雖說如此，但這沒有將其他因素考慮進來，像是選擇第二種打卡方式，雖然少一點基本薪資，卻可以避免稀釋採果速度，而能讓速度表的數字好看一點。

速度快不只是圖個虛名，因為速度排名也會影響工作量的多寡，因此對採得快的人來說，當然是能夠分到比較多的採果區域最好，表示在同樣工作時間下，自己的時間價值相對較高。這也是為什麼有些採手不喜歡沒有績效獎金或低績效獎金的工作，因為只能純粹用時間去換錢。

如何權衡各項考量，就得看每個採手自己重視什麼、顧慮什麼，考量自身的採果狀況，該如何在兩者之間做平衡或取捨，找到屬於自己的最佳解。

我採果，不代表我賺得多

還記得好幾次進包裝部門支援，旁邊的陌生同事跟自己搭話，通常都會用：「你哪個部門的？」當作話題起手式。往往別人聽到我來自採果部門，第一時間反應離不開下面幾句：「採果的賺很大捏！」、「你們獎金賺很多吼！」、「聽說你們旺季時薪水週週破千！」。

本以為只會在包裝部門遇到這種狀況，前陣子冬天到各部門支援，同事無一例外都是這樣的反應。我才發現公司有個很奇怪的氛圍，好像只要你是採果部門的人，他們就會覺得你賺很多，因為他們「認為」採果部門的人「都」有績效獎金可以拿。

當問題問到採果的人身上，如果是問到採青椒的，他們會反駁說採青椒的人拿得少，採番茄的績效才賺得多！導致全公司上下「都認為」採番茄是賺最多錢的單位，能分配到採番茄的背包客運氣都很好。藏在天大誤會中的辛酸，採番茄的人都有苦說不出，因大家根本不相信我們的說詞。

① 採果薪資的真相

究竟真實情況是怎麼樣呢？前面有總結自己半年採果的薪資所得，這邊先幫大家簡單複習一下，半年共賺了（26週）：澳幣22351.68元。

26週薪資結構組成（澳幣、稅後）

- 總工作時數為：916.21小時。
- 基本薪資：18423.88元。
- 採果績效：3778.19元。

- 包裝績效：149.9元。
- 平均週薪：859.68元。

每週薪資組成（澳幣、稅後）

- 平均工作時數≒35.24小時。
- 基本薪資≒708.61元。
- 採果績效：145.315元。
- 包裝績效≒5.765元。

雖然專職是採果，但每當包裝部門人手不夠時，採果的人就要去支援，因此工作是以「主採副包」為主。其中，採果跟包裝的工作時間比，大概是2：1左右，等於1週大概採果24小時，包裝12小時。

以澳洲規定每週標準工作時數38小時來看，採果的實際上班天數只有4天，而且大部分的時間都採不到1天8小時。以我的狀況為例，1天只採6小時，4天下來時薪只有澳幣480元左右，跟當時38小時換算下來的最低薪資澳幣760元直接差了澳幣280元。

一個人如果生平無大志，只求最低標，在基本時數上導致的薪資落差，自然只能從績效獎金、到其他部門支援賺時數，或外頭兼職這三種途徑去補。所以你跟我說採番茄拿績效賺爽爽？不！光少1天上班的時數，我們就已先輸在基本薪資的起跑線上，績效獎金充其量只是在彌補時數上的損失而已。

並非人人都有獎金拿

從小到大，我們都在比較的環境中成長，有人很優秀、有人未必是這方面的料、有人正在變厲害的路上，從學校成績一直到業界工作，整個社會充斥在相互比較的情境當中。

只要有比較，就有高低之分。社會如此，採番茄也是如此，並不是每個人都採得快，也不是人人都拿得到績效獎金，台灣人從小比到大，這道理應該不難懂吧？

偏偏很多人只要聽到是採番茄的，各種標籤直接貼上來，好像番茄很好採，績效很好拿似的。更委屈的是，當採得慢的人如何反駁，哪怕薪資都說了出來，問的人也是不敢相信，認為只是在裝謙虛而已。

在誤解背後，真正的苦主就是那些番茄採得慢的人，他們不僅沒有實質上的好處，還得背負著採番茄等於賺很多的標籤，否認又被認為在低調爽，真夠諷刺。

③ 薄弱的反擊

實在太多人覺得採番茄很賺，磨破嘴還是改變不了他們的錨定偏差，因此我一直在思考該如何回嘴。

不知道為什麼，最近一直覺得採果的處境跟業務員很像，如果一個做行政的人，遇到一位業務，然後說：「業務賺很大捏！」、「獎金賺很多吼！」、「聽說你們業務薪水都年薪百萬！」。

然後隨便再說一句：「真羨慕你們，出張嘴就有錢拿！」，會不會很想在他臉上揮幾下？雖然兩者工作性質不一樣，但似乎能感同身受？現在學聰明了，與其說一堆他們根本聽不進去的話，不如直接說：「如果採果這麼好，你幹嘛不換部門？」。

對啊！業務這麼好，你做行政領死薪水幹嘛？然後做行政的人就會說：「因為薪水比較穩定」、「不想被業績追著跑」。

嘴巴上說採果賺很多，最終還是選擇待在原單位，是好賺的魅力不夠大？還是怕轉過去被別人發現，自己其實沒什麼本事賺到這筆錢？當聽到很多人講著不能轉採果的千萬種理由，他們在我心中已經被打臉千百萬遍了。

俗話說得好：「謠言止於智者」。只想說採果真的沒有大家想像中那麼好賺，並希望這場鬧劇趕緊落幕。最後，聽說負責植物照護的Crop Worker，一年四季時數都很穩定，還有績效可以拿，他們也賺太大了吧！

該如何知道自己採果速度的極限？

前些日子被調去邊緣棚，當邊緣人採番茄，採番茄採到有點職業倦怠，身體雖然在動，但腦袋始終保持高速運轉，從購物節該不該換手機？1年半沒有碰書本，該如何拾回閱讀的習慣？一直到紐西蘭環島的旅遊規劃，還有回台後打算進入什麼產業跟職位？履歷該怎麼寫？找工作前還需要做什麼功課與準備等。

關於如何簡單測試自己採果速度的極限，也是自己常思考的議題之一。至於為什麼會想到這問題，其一是因為自己的速度已達到一個瓶頸，不知道是已經到達自己的極限，抑或是還有改善進步的空間；其二是在番茄即將進入旺季前，團隊進了許多新人，有些人來請益，該如何了解自己採果速度有確實進步？

思來思去，再搭配日常的工作觀察與經驗，最後得出兩種判斷方式。

❶ 採果行為檢視（微觀）：Set 車與不 Set 車之間的時間差（或速度差）。
❷ 採果結果驗收（宏觀）：有果跟沒果之間的時間差（或速度差）。

① Set 車與不 Set 車之間的時間差（或速度差）

每次採果前，我們都有一些前置作業要做，例如，必須先將剪刀、箱子、垃圾籃設置妥當後，才能開始採果。採果前做的這些前置流程，就被稱作「Set 車」。

要知道自己當天採果速度的快慢，可以從有無 Set 車的採果時間差略知一二，前提是自己要先對「一車採了多少時間，大約對應多少速度」有點概念。通常老鳥們為了衝速度，在一早進棚後，不會馬上打卡上班，而是會先 Set 幾台車後才開始，犧牲幾分鐘的上班時間，來換取開頭幾車的速度。

幾次特別注意後，發現有無先 Set 車帶來的速度影響差異不大，甚至有時明明先 Set 好了車，最後採出來的時間還比沒 Set 車的速度慢。在穩定的情況下，每車速度不會全然一樣，但也不會發生太大的變化。舉例來說：

① 假如一早先 Set 了三台車，時間分別為 21、22、23 分鐘一車，平均一車為 22 分鐘左右。

② 如果沒先 Set 車，時間也是 21、22、23 分鐘一車，平均也是 22 分鐘一車左右，表示有無先 Set 車對速度影響不大，甚至還少賺因為 Set 車所損失的基本工時。

撇掉人為干擾的因素，像被司機卡到出口，或被植物照護的人擋到路等，正常來說已經 Set 好了車，可以減少 30 秒至 1 分鐘的時間，理論上一定會快於沒 Set 車的速度。如果沒有的話，表示自己的採果速度不僅如此，還可以再更快。自己要做的，就是找出影響速度的關鍵差異，讓自己的身體記住它。

以我自己為例，當我發現自己可以讓沒 Set 車的速度等於或快於 Set 車的速度，最後我意識到是心理作用讓我採果速度更快。

當我前幾車（先 Set 好的）速度快時，為了讓速度保持一致，在後續 Set 車跟採果時，我下意識會讓自己的動作更快，因此我要做的就是讓自己記住動作變快的感覺，把這感覺變成新常態。

當新常態成為基礎後，我的速度會跟原先採 Set 好的車速度差不多，但用新常態的速度採 Set 好的車，會比原先採 Set 好的車速度還快，直到我採沒 Set 好的車速度上不去為止。這段有點繞，容我分段列舉說明。

① 假如我原先採「Set 過的車」，一車花費時間 21 分鐘。

② 等開始採「沒 Set 過的車」，因為心理作用，自己動作加快，最後也是 21 分鐘一車。

③ 當自己把採「沒 Set 過的車」的方式給記住，習慣後都是 21 分鐘左右一車。

④ 21分鐘一車成為新常態，採「Set過的車」就會更快，變成20分鐘一車。

⑤-❶ 因為心理作用，自己動作加快，採「沒Set過的車」也是20分鐘一車。

⑤-❷ 因為心理作用，自己加快動作，採「沒Set過的車」落在21分鐘一車。

⑥ 如果為⑤-❶的情形，就會一直反覆循環❸到⑤-❶的流程，直到⑤-❷的極限值為止。

當下採完一車，自己的速度只有自己知道，因此這套流程的主要用意，是在認知自己現階段的極限速度在哪。

上述流程看似複雜，主要是因為有些人對自己的時間與速度沒什麼概念，需要1～2週的時間熟悉後才能踏上軌道。但只要實務上操作幾次，熟練之後，相信就能明白我想表達的意思。

2 有果跟沒果之間的時間差（或速度差）

Set不Set車的時間差可以當作採果當天的即時反饋，但是有沒有果之間的時間差，就必須等到隔一天的速度表出來，才能知道自己前1天的速度是多少。俗話說：「巧婦難為無米之炊」，用在採果也有異曲同工之妙，如果把這句話改成：「快手難為無果之採」，也毫無違和感。

有果，我們才能採得快；反之沒果的話，幾乎都在掃街，沒在採果，腳動得多，手動得少，速度自然快不起來。也應證採果的核心觀念之一：沒在採果就等於沒輸出（重量），要盡可能地減少零輸出時間。有果跟沒果的速度落差會非常明顯，尤其是快手的速度通常會比慢手掉得更多。

我們採果的天數是：每週一、二、四、五，假日讓番茄長2天，反觀只有1天的週三，果長得不夠快，因此通常過完假日的週一、二，果會比較多，而週4、5的果較少，所以如果要比較果多果少的速度差異，就必須要將1週4天的採果速度表一起拿來比較，才能知道自己的速度有沒有進步。

之前新人問我怎麼採快，不論快慢，我都會用很老套的方式回答：「從基本動作練起！」畢竟採果就是基本的動作一直做，因此只要採果的動作熟練，自然就會快了。

但現在如果有速度表可參考，我會盡量依照他們的狀況給予不同建議。因此，比起上述Set車的方式，用每天的速度表進行比較，能更直觀也更簡單的判斷自己還有多大的進步空間。

拿我看到新人採果的成績來說，當我看到果多的速度為每小時400公斤，果少時也是400公斤，我就能直接知道這新人還有進步空間，我可以點他，但他自己必須去思考為什麼在果少時，速度不降或是降很少的原因？因為我不知道他怎麼採的，只有他自己知道。

如果果少還能有這樣的速度，表示果多時，應該要更快才是！這也意味著，只要能把果少時候的採法，複製到果多時，他們就能突破自己速度紀錄的新高。就像在邊緣棚時，有幾位新人也是從速度未達標到後來速度破每小時500公斤，都到這樣的速度，其實也不太需要特別教說該怎麼採快。

因為他們已經知道怎麼快了，只是被自己的想法給局限住，認為自己快不起來，他們要的只是一個突破盲點的建議，點開之後，剩下該怎麼做，他們自己就會知道：「看你們上週的成績，果多、果少時，速度都差不多維持在450～500公斤/小時，不像我們老人果多果少速度差異很明顯，正好今天果多，我要挑戰自己的速度，你們要不要也挑戰600公斤/小時看看？」

還記得最爆果的那天，我跟他們這樣說，雖然他們最終沒有達到600公斤/小時，但是時速570公斤/小時也是締造了他們自己的新紀錄，相信有這樣的紀錄加持，突破600公斤/小時也只是遲早的事。

兩種比較方式的差異

通常快手對時間的敏銳度很高，對自己的極限速度也有所了解，因此可以從每車的時間上，得知自己是正常發揮，還是有所退步的訊息，自己就會判斷下一車是該快一點，還是在維持現狀的速度下試著挑戰極限。因為對每一車的時間都有在注意，一天下來，也大概知道自己速度落點在哪裡，而隔天的速度表則是驗證對自己速度掌握的精準度，以及對時間的敏銳度。

可以說，Set車與否的比較方式是微觀觀察自己的採果行為，須時時刻刻

觀察自己每車的變化，對於平時沒有在注意自己採果時間的人來說，因初期沒有基礎數據，須累積一定的數據量才會知道自己採果速度的變化與狀況。

有果與否的比較方式是宏觀驗收自己的採果結果，因為不能直接從每次採完一車的方式給予回饋，必須等到至少隔天的速度表下來才能參考。雖然不能對具體採果的行為給予詳細建議，但可以從自己果多果少的速度變化，去思考是否還有改善空間，並對採果行為做一些微調。

4 如何突破自己的極限

如果利用上述兩種方式真的檢驗到自己速度的極限值怎麼辦？難道真的就卡在每小時500公斤的速度上不去嗎？每個人速度到一個階段都會遇到一個檻，跨過就會更上一層樓。至於如何採快的方法，比起採果技巧，我更重視採果核心觀念的掌握。

這邊簡單做個如何採快的結論：採果考慮的不僅是如何採快，而是如何在最「短」的時間採到最「重」！

時間上

- 只要沒在採番茄，就等於沒有輸出，要盡可能的縮短零輸出的時間。
- 猶豫會拖慢時間，要把理想上的觀念變成實務上的直覺。

重量上

- 剪一刀的代價，是要增加一串番茄的重量，而非減少番茄重量。
- 轉色番茄可不剪，留果是為了更重的明天。

採果實務上：先求有、再求好、最後再求快

- 求有階段：多詢問或觀察老手，學習大部分人都掌握的採果技巧。
- 求好階段：整合採果資訊，打造屬於自己的採果SOP。
- 求快階段：在有紀律地遵守自己的採果SOP下提升採果速度，看是否有不好採的流程可以改善，或是有新觀念的啟發幫助速度精進。

不要小看觀念的重要性，一個觀念對了，它會伴隨到你工作的各個方面，且當別人問你為什麼要這麼做時，你都能說出一套自己的道理。

從採番茄看績效指標對員工行為的影響

我對採果的薪資制度琢磨很多，並非只是站在受雇者的角度思考，教採手如何少吃虧或賺大錢而已。最主要希望從薪資結構的角度去分析KPI如此設計，對員工行為有什麼影響，以及公司試圖達到什麼目的。

或許有些人會困惑，研究這議題要做什麼？倘若未來自己有機會擔任管理職，總會面臨該如何制定KPI讓員工行為與組織/部門目標相結合的時候。試著從員工的角度去思考，不同的績效指標與制度設計，會誘發他們產生什麼樣的想法，從而引發哪些行為。這就是我想要研究績效指標如何對員工行為產生影響的主要原因。

「員工一般只會做老闆要求跟緊盯的事情。」對員工來說，評量他們價值標準的就是能否達到來自主管、部門甚至是老闆所訂下的「期待」，也就是績效指標。當老闆緊盯的事情跟「薪資結構」掛鉤，員工自然會把這項指標當作至高無上且唯一的KPI。

採番茄就是一個活生生的案例，速度就是我們的KPI，而且速度也會影響績效獎金的多寡，想要研究「當績效指標與薪資結構掛勾，會對員工行為有什麼影響」這樣的議題，一個實務個案就擺在我眼前，自己還身在其中，豈能放過這麼好的素材？

這也是為什麼前面要先寫那麼多篇幅，從薪資結構的角度做鋪陳，目的就是為了探討在KPI與薪資結構面前，「理性」的採手該如何讓自己收益最大化，但在現實中又是如何本末倒置，無形中幫助公司省下很多成本。之前都從比較宏觀的角度去探討，這次我們將從實務面，具體採手在KPI面前是如何採番茄說起。

① 速度對採手行為的影響

　　由於速度與績效獎金有直接關係，大部分採手會勇於追求自我突破，採快的好處就是在同樣的工作時間下，時間價值相對較高，以及被分配到較多的採果範圍。

　　公司有一套專門規範採果的SOP，在基本規範下，大家都會從中找到讓自己採快的方法，思考如何縮短前置作業的時間，或是採果動作的優化。其中最重要的關鍵莫過於：只要能掌握對的觀念，就能應用於工作上的各個層面，且當別人向自己請教為何要這麼做時，我都能有理有據的回答。

　　照著規範走，大家都有各自的採法，但某些方式明顯會造成壞果的情況發生，這時公司會在原有的SOP下增加新規定。例如，冬天時，植物的梗太脆弱，因此公司都會在梗上套一個塑膠套，原先取下塑膠套的方式沒有特別要求，直到發現最靠近梗的那顆番茄，被戳傷的比例明顯提升，是剪刀戳到及梗剪太短（梗戳進去番茄）兩種原因所導致，所以新規定是不能剪太短或是戳到要丟掉。新規定一出來，符合上述採法的採手人人自危，必須配合公司規定找新採法，直到包裝部門不再反應為止。

　　另一種情形，是在不同部門的要求下所導致的矛盾，部門間彼此都有著各自的任務，當認知與工作內容不同，難免會有衝突。有些採手討厭包裝部門的人，因為許多新規定都來自於包裝部門的要求，而這些規定都會導致採果的速度變慢。像是採果規定掉到地上的好果，綠果放籃子，紅果與轉色果可以放盒子增加重量，但有時包裝部門會反應單顆的果太多，認為是採果的人太粗魯導致，要求我們改善，這時就會降低大家撿果的意願，畢竟彎下腰撿一顆的時間，都可以剪下一串放進盒裡，一顆與一串，當然優先選擇後者，沒什麼好猶豫的。

　　此外，還有人為了求快，會自行減少SOP步驟，像是剪完一串番茄要沾肥皂水，變成剪兩、三串後才沾；採完一盒番茄要換剪刀，變成採兩、三箱後才換。雖然抓到會被糾正，屢勸不聽會開警告單，集滿三張就開除，但採手人多、主管人少，因此只要沒被抓到，不遵守SOP對採手就有明顯正收益。

　　在速度至上的制度下，而速度又與績效獎金相連結，因此任何會導致採果速度降低的改變，採手都會抗拒，甚至有人會為了加速而自行放寬SOP。

❷ 速度對公司的影響

　　求快的結果，員工可以拿到績效獎金，公司相對省下人力成本，但有時為了求快，會衍生出品質問題。相對於賣相好的番茄，不同程度的損傷都會降低番茄在市場上的售價。

　　如果一串賣相好的番茄售價為最高，公司就必須考量到速度造成不同程度損傷的變化，最終造成價格上的影響，像是一串變成單顆（1公斤價格變低）、賣相不好的爛果（一級市場變到二級市場）、破果或壞果（做成牛飼料）等，根據損傷程度有不同的殘存價值。

　　要求速度的同時，一定會放棄部分的品質。省下的成本在扣除獎金後，還須扣掉追求速度而造成的番茄價值減損，最後得出來的結論才能知道速度造成的結果是好是壞、營利與虧損的臨界點在哪。

　　因此在結果上，公司看似省下人力成本，但是否因速度導致品質變差、營收減少或毛利降低等，其實有待商榷。由於沒有更進一步的關鍵數據，能支持更進一步的管理或做制度上的調整，最終導致公司的管理淪為形式與表面，大家都照著速度KPI走，但沒人知道有沒有效用，這就是公司現在的問題所在。

　　無所適從的SOP與規定越訂越多，如果是老手，知道規矩在哪，但越來越多的規矩只會拖慢速度；反觀新人，新訓時期只會教你怎麼採，不會教你要注意哪些事情不能做，表示公司有一堆規定，而新人會不時踩到雷，且有些雷還是季節性的，現在沒踩到，換季就會爆。

　　所以圍繞著速度所產生的規定，對公司而言，真的是好事嗎？真的有需要訂那麼多規定嗎？是否有其他作法，在提升速度的同時又能兼顧品質？冰山一角的問題容易解決，但藏在冰山下的問題，公司看見了嗎？

❸ 改善的淺見

　　許多企業都有一種觀念：我們僱用你來做事，把事情做好本來就是你該

做的本分，做不好還有其他人等著進來做。正因這觀念，許多企業都吝於給員工獎勵，反而是處罰都賞得很大方，但仔細思考，正因為只有處罰沒有獎勵，所以，公司要求的下限，就是員工的上限。反正多做又沒有獎勵，多做可能還多錯，因此沒有在工作規範內的事，既沒KPI，也沒獎勵，做要幹嘛？

在採果上的建議，既然主管都有檢核表，每週都會檢查數次採手是否遵守採果SOP，重點檢查漏果、撿果、沾肥皂水、換刀等考核項目，不如就將檢核表與速度表當作標準，每週挑出幾位模範採手，針對他們在採果的優異表現給予小幅獎金。

另外，也可從品質方面著手，將採下來的果分成自然耗損與人為損壞，並訂定自然耗損的基準值（根據團隊均速，有不同基準）。每天記錄自然耗損與人為損壞的比重，兩者相扣後的差額，從採果團隊所有採手的績效獎金中扣除（農場分工方式，無法單獨找出是哪個採手，僅能先從團隊下手）。

假設團隊均速500公斤/每小時下的自然耗損為1%，今天採果造成的整體品質不良率為3%，因此人為損壞率為2%，這2%從採手的績效獎金中扣除（當天的績效獎金＝原先的績效獎金×98%），以此類推，然後每週結一次。而為了獎金，孰能不乖？這樣的好處是，團隊懲罰機制會影響所有採手的績效獎金，因此採手之間會互相監督誰是戰犯。

公司在追逐採果的速度下，若想兼顧品質，我相信以上兩種作法擇一，搭配現行制度，會比在現行SOP下訂一堆記不住的規矩有用多了。

4　重新看待速度與品質的重要性

在經歷過包裝、清棚、顧苗、種苗等崗位後，我發現公司考核的KPI都是速度，就能知道這間公司多麼沉溺於「速度至上」的迷思。

當速度是唯一的KPI，績效與薪資又有正相關，我想如何在速度與品質間取捨平衡，讓速度發揮價值的同時減少價值減損，不僅是採果部門的議題，也是公司正面臨的管理課題。

從下屬的角度看空降主管與資深員工的磨合

農場打從2018年11月以來，兩位Supervisor與一位Leading Hand的主管職缺就一直開著，期間經歷了三位主管，都做不久後離開，直到2019年4月左右，整個番茄團隊才穩定下來。

主管培訓完後，基本知道自己的職責範圍，部門經理就直接放手讓他們在實務中學習。雖說每位主管的性格還有管理風格都不太一樣，但在與團隊磨合的陣痛期中，發生的矛盾與衝突點卻都大同小異。

這篇文章，主要探討從自己當下屬的角度，看空降主管弱勢在哪裡，以及在員工眼中哪些是糟糕的行為。希望以此為鑑，從自己身為員工與空降主管相處的過程中，將發生的摩擦點列出來，讓自己未來有機會擔任管理職時，避免重蹈覆轍前人走過的老路。

1 對作業流程不熟悉

很多空降主管跟下屬之間的摩擦，源自於對作業流程的不熟悉。當我們知道某些作業不合公司規範，或是更高級別的主管有下過規定，而空降主管卻無法將老員工（指做了半年、1年甚至2年的背包客）的話聽進去。既然與主管溝通無效，給建議又不聽，老員工就只能直接往更上層報告。

雖然初期培訓會讓空降主管們親自去體驗採果，了解採果的SOP，但都只是學毛皮，可以說連表面功夫都沒學到。如果以公司要求每小時300公斤的績效目標來看，只能說是勉強沾到邊。

如果主管連基本底子都沒有，團隊中每個採手的速度都不一樣，有人每小時採300公斤、有人採500公斤、有人採700公斤，該怎麼去掌握每個人的狀況呢？速度太低的，該怎麼幫他們提升到公司最低績效目標呢？雖然說主管的主要職責並不是採番茄而是管團隊，沒採果本事就算了，但如果帶人沒帶心，老員工怎麼服你？

 ## 對績效制度不熟悉

不懂公司的績效制度，怎麼知道公司對員工抱有什麼期待？更不用談如何在符合公司的期望下，管理底下的員工。就像公司在採番茄的績效制度上，很明顯就是希望員工採越快越好，但是主管可能不知道每小時300公斤代表一台採果車要40分鐘內採完；他不知道30分鐘採一車的速度是400公斤/每小時，24分鐘是500公斤/每小時，20分鐘是600公斤/每小時……。

他不會知道，這些數字都能從一條公式就能算出來：**每小時公斤數（時速）=200（一車重量）×60÷一車時間**。

所以就變成無法掌控現場的採果狀況，並彈性調派人力；事後也不知道績效低落，該從什麼地方去改善，因為老員工都在看好戲，反正員工賺了時間，公司損失了成本，這一切都是主管無法有效管理所造成的。

這也造成當採手解釋為什麼事情要這樣做時，對績效制度沒概念的主管，根本不知道1分鐘的耽誤對採手有多大影響，仍會堅持己見。最後的結果是採手少賺了績效獎金，也拉低主管的績效指標，而被上頭斥責，產生兩敗俱傷的情況。

 ## 不知道組織對自己的期待

從採果的績效制度跟薪資連結，就能看出公司對員工的期待是在維持採果的品質下「採得越快越好」：**績效獎金＝採果時數×（每小時採果重量-300）×0.03**。

績效獎金的制度看似是多花錢，但其實是顯著降低公司成本。畢竟，績效賺再多，也沒1小時下來的時薪多，不是嗎？多鼓勵採手賺績效獎金，乍看之下公司會多花錢，但是卻能省下基本時薪的成本，採得快，等於採手變相壓縮自己的工作時數。也可以說，績效獎金的存在，根本就是在補償「採得快所損失的工作時數」。所以，站在公司的角度看來：採手的附加價值來自於速度，採得越快對公司而言價值越大，因為你採得越快，公司省越多錢。

　　新主管對於績效制度只知其果，卻不知其因，就是他們最大的問題，制度因何而來、為何而生，本就是他們職責範圍內該知道的事。如果不知道績效制度設立背後的目的與邏輯，自然不知道公司要的是什麼，也不知道該怎麼管理員工才能符合公司的期待。

④ 亂下指導棋

　　如果說不懂作業流程，就容易跟下屬有具體工作上的摩擦；對績效制度不熟悉，就不知道公司希望主管把團隊帶到什麼樣的方向前進。對制度不熟、也不知道上頭的期望，卻又被上頭壓著要績效，最終就變成「自己亂解讀、亂下指導棋」的情況發生。

　　農場講究的就是時間與速度，主管對績效制度無法掌握，不知道績效數字背後是如何組成，很容易陷入算錯整個採果結束的作業時間。以為當天會過早結束，因此派一些人去別的單位支援；以為當天會採太久，加派一些人來支援，最後卻又太早收工。往往最後演變成，人不是太多就是太少，不是工作量大到累死，就是工作量少到餓死，經常重新調配人力後，又再請人支援或再次調配，搞得人仰馬翻。

　　除了不懂制度外，因不懂作業流程，也導致有時主管想幫忙，卻幫倒忙的狀況發生。明明每個採手都有自己採果的一套SOP，但有時卻會被主管莫名其妙的臨場指揮，亂了自己的節奏、耽誤了速度，甚至是職能不同的員工之間，本身有一套有效率的作業方式，也會因主管的胡亂介入而降低效率。

　　主管有來自上層的壓力，必須要對部門績效負責，但是一來因為對績效制度的不熟悉，導致不知道如何調配人力去控制時數；二來因為對作業流程

的不熟悉，面對績效不達標的狀況，採果現場也不知道該怎麼改善，但因為來自上層的壓力，「不得不做些什麼」，只好亂下指導棋。簡言之，事情在主管介入之後，沒有變得更好，而是更糟，追根究柢還是對績效制度還有作業流程的不熟所導致。

5 害怕犯錯

老主管跟菜鳥主管在帶團隊的最大差別在於：政策實施上的彈性拿捏。舉例來說，夏天時常頂著30～40度的高溫採番茄，而溫室又有聚熱效果，導致棚內的溫度通常會比外頭再高上5～10度左右，導致我曾在50度的高溫下採到中暑，除了水分的流失外，體力消耗也是很大的問題。

老主管會不時巡視各個採手的狀況，判斷要不要提早休息或是多休息幾次，而新主管會一直死守時間底線，說再撐一下就休息了，有時候會想說，有人熱衰竭，甚至是熱死的話算誰的？

另一個案例，有一陣子番茄長得很肥美，導致採下來的重量過重，包裝的機器負荷不來，因此要求每箱番茄少採一串，但有特定幾區的品種比較特殊，如果照新政策去採，反而重量會不夠，這就變成少數負責到的採手會吃虧。雖然部門經理可以接受，但是新主管卻不管各個品種的差異性，堅持走新訂的規矩。

這不能全然怪他們，空降主管無法拿捏分寸，背後仍可追究於對制度不熟悉，導致KPI無法達標，最終被部門經理罵、被包裝部門抱怨品質不好、開會被老闆釘，這些來自上面的壓力及其他平行部門的抱怨，讓新上任的主管認為「其他人比我資深」或是「比我懂」，因此來自外部或上面的建議或指示，就直接拿來照本宣科用在自己的團隊上。

最起碼，照著做不會被人家說是「亂下指導棋」，照著做不好還可以雙手一攤說：「我只是照著某某某的指示做而已」。不過也多虧三位空降主管，讓我番茄採著採著，對他們氣著氣著，對比各個部門經理帶團隊的方式，忽然就領悟一個道理：政策是死的，但員工是活的。至於如何找到政策與員工作業之間平衡點，並保持彈性，就要看主管有沒有心，以及是否有本事了。

6 我是你主管，你要聽我的

　　許多主管會犯的通病，就是無法說服下屬，於是只能用兇的、用職位去壓人，也是給人觀感最差的一種。

　　對公司沒有任何貢獻的空降主管，沒有戰績、沒有實績、沒有本事，也不懂公司規定，然後下屬跟你解釋為什麼有些事情能做、不能做時又不聽，不懂公司規範在哪、不懂作業流程，還要一副高高在上的樣子，說真的，不能講道理或好好說，只能用職位壓人，這樣下屬只會對你感到失望，被看不起也只是剛好而已。

　　新來的主管可能誤以為是員工喜歡跟他「爭」，但事情的真相是我們比他們來的久，比他們更懂公司規範跟作業流程該怎麼做，有時他認為是我們不想做、在找藉口，所以講不贏時，乾脆直接用職位壓下屬。

　　主管敢下指令就要敢負責，通常我們也會乖乖閉嘴照做就對了（記恨在心裡），反正下錯指令就是看他笑話，做完之後再跟上頭主管匯報一聲，小事就唸一下，大事就叫他當著大家的面說抱歉。

　　沒有人天生想跟自己的主管作對，誰不希望有個獨當一面的主管當靠山？可以凝聚團隊向心力，或是幫團隊爭取權益。反觀主管自以為是的結果，就是原本願意給建議的採手都不說話了，等主管下指示後乖乖去做，再去跟頂頭上司打小報告，搞的團隊內部烏煙瘴氣。對於這種沒什麼本事，又愛拿職位說嘴的主管，我只想說：「你可以用職位強迫別人做事，換來的就是別人打從心底看不起你這個人。」

7 依賴老員工

　　因為空降主管本身沒有很深的採果底子，連公司要求的最低績效目標都只能打擦邊球，何況是培訓新人的部分，因此主管只能教基本的採果方法。至於更快的採果方法，只能讓新人私下請教其他老人，或是一直拿著KPI強逼新人想辦法變快，然後記警告單而已。

關於自己的採果方式，當初也是厚著臉皮到處問其他人，以及部門經理的教導，才有今天的成績。雖說主管用處不大，但主管可是有著KPI的壓力，採手卻沒有任何義務教導其他採手變快。

沒本事教，只能交給其他採得快的採手教，但其他採手沒有義務要教新人，久而久之斷層就出現了。你慢我快，我採完後還能瓜分你的採果範圍，可以有更多的採果時間，也能獲得更多的績效獎金，更沒有需要教導的理由。

一個是在空降主管來之前的採手，平均速度都比新主管帶的新人快上許多，而新人在過2～3個月後，速度跟老手完全在不同級距，變成整個採果團隊都是老人再撐，新人除非果採不完，不然都早早送去其他單位支援，然後開始一段惡性循環：新人還是採不快，因為沒多少時間練習，老人雖然採很快，但可能再半年就離開，造成新人戰力不足的情況發生，對公司節省成本的角度而言不是好事。重點是讓速度慢的採手採不到果，KPI看似被拉高，短期對主管來說可以不被上層釘，長期而言仍然不知道該怎麼將新人培訓成快手，可說是治標不治本。

8 不把空降主管當一回事

這是員工跟主管磨合失敗後的最佳範本，若採果發生問題，因知道主管要嘛照著程序走，沒有任何一點彈性；要嘛不聽員工的建議，亂下指導棋。

導致員工都不再將問題呈報給主管，而是繞過他，直接越級報告，跟他的頂層上司（部門經理）告狀，等於把主管架空。重點是，因主管處理事情有前科，所以員工會說：「因主管說這樣做，不符合之前的規定，想再次跟經理詢問確認」，然後主管被經理質問後又再被罵一次，過程中會吃許多悶虧。

直接看上層是挺員工或是幫主管說話，就能知道經理對主管的態度是什麼。如果經理、主管不同調，當員工去告狀時，經理也不挺主管，久了下來，只會讓主管在團隊中喪失威信，以後有事都繞過主管，直接越級報告。反正找主管也得不到符合公司規範的解答，還是直接找經理比較快。

我覺得，經理如果要幫主管建立威信，應該要幫主管擋下來，並要求員工尊重主管的決定才是，事後再私下跟主管究責會比較妥當。

最根本還是主管跟上層的規則要統一調性，口徑保持一致，才不會產生下屬無所適從的狀況。就像過程中換了三個空降主管，可能前一個主管說這樣是對的、下一個又說這樣做錯了，搞得大家很亂，最後員工會認為：「還是以經理為準好了，畢竟他是資深主管，懂公司做事的規矩，如果菜鳥主管跟經理說的不一樣，直接越級報告就好（或拿經理的名義壓主管）。」

⑨ 空降主管給我的啟發

最後來總結我從與空降主管的相處中獲得的八項啟發：❶ 對作業流程不熟悉；❷ 對績效制度不熟悉；❸ 不知道組織對自己的期待；❹ 亂下指導棋；❺ 我是你主管，你要聽我的；❻ 害怕犯錯；❼ 依賴老員工；❽ 不把空降主管當一回事。

這八項啟發是我在採番茄時，經歷三位空降主管過程中常見的矛盾發生點，且可以發現這些矛盾是有一套脈絡的。

❶ 對作業流程不熟悉➡容易被員工挑戰。

❷ 對績效制度不熟悉➡不知道如何改善。

❸ 不知道組織對自己的期待➡達不到KPI。

❹ 亂下指導棋➡達不到KPI，被釘之後胡亂改善。

❺ 我是你主管，要聽我的➡被質疑改善方式，拿職位壓人，強迫下屬聽話。

❻ 害怕犯錯➡改善不見成效，再次被釘，不敢擅自做決定，喪失彈性。

❼ 依賴老員工➡改善無效、害怕犯錯，依賴老手達成KPI。

❽ 不把空降主管當一回事➡沒本事、帶人不帶心，被架空當空氣。

⑩ 給自己的啟示

如果有朝一日自己有幸擔任管理職，且是以空降的身分擔任要職，必須

要了解以下幾個大方向。

◆ 了解遊戲規則

了解自己的職責所在、單位所負責的 KPI、上層對自己和部門有怎樣的期待，以及自己團隊各自負責的指標有哪些注意事項、單位各作業流程又分別有哪些，以及跟其他單位的業務往來範圍與注意事項等。

◆ 遵守遊戲規則

法治與人治的差別就在於，法治有一套明確的規範，人治則是當家的人說的算。了解遊戲規則只是拿到入場門票，必須思考 KPI 對各單位行為的影響，這樣下指導棋，才會「有理有據」，而不是純靠感覺、靠經驗說話。用職位去壓人，而不是憑本事服人，只會讓團隊失去士氣，讓下屬看不起。

當自己知道遊戲規則，才知道該怎麼遵守，怎麼在規則下展開管理細則並要求下屬做事，如此才有可能達到上層要求的 KPI 指標，帶人又帶心，以及尊重各單位人員的專業。

◆ 掌握遊戲規則

中階主管最大的挑戰不僅要向下管理，還要學著向上管理（夾心餅乾的悲哀），因此不只是了解、遵守遊戲規則，也要能在既有框架內將事情做好，達到上頭要求 KPI 的能力，才能證明自己的能耐，也才有籌碼醞釀未來改變遊戲規則的可能。

未來當主管要避開上述的地雷

離開番茄場、登出澳洲並回歸台灣社會後，想起當初跟其他採手經歷三個不同風格的主管相處，磨合的過程中受了許多怨氣，互相大吐苦水，一直嘴砲說主管要是下次再犯，要直接當著大家的面洗他臉。

現在覺得自己能夠忍受過來，真是不可思議！俗話說：「識時務者為俊傑」，只敢私下說嘴，不敢當面亂嗆，只能說終究奴性重，不跟錢過不去。

總之，過去了就讓它隨風逝去。但從中看到、學到的教訓，經歷一次就要謹記在心，總結經驗之中得到的啟發與觀點，提醒自己未來不要再經歷一遍別人走過的冤枉路，也不要變成自己口中所討厭的那種空降主管。

快手為了速度而不顧品質？用時間與行動證明一切

—— 串完整的番茄賣相好，行情也好，但只要掉了一顆，賣相跟行情都會大打折扣。最重要的是，單顆番茄在市場上沒有行情。

還記得當初被調到邊緣棚冷凍起來時，邊緣棚的番茄掉果很嚴重，老闆懷疑是不是快手為了速度而不顧品質？所以每天都會調閱快手每一筆的代碼紀錄，然後派經理與基層主管拿檢核表去檢查採果的狀況。

由於新任主管不太清楚採果的作業流程，幾次下來，我的檢核表上時常被他記上幾次他「認知」中我沒有把事做好的紀錄，然後交給我確認無誤後簽名。

針對我不服的部分，幾番解釋後，通常他會帶著我的回答請教經理，確認符合採果作業標準，之後就不太會刁我採果上的問題，檢核表上也只剩偶爾的小疏忽，或是可容忍範圍內的失誤；反之，經理則是個明白人，論資歷、輩分都是公司頂梁柱之一，對採果部門的整體運作、制度有一定了解。

有時經理來巡察，看了看檢核表上的紀錄，也會跟主管機會教育，因此檢核表上都沒有什麼大問題，反觀只有幾次過問代碼紀錄在時間間隔上的細節，不過事都做在理上，也沒什麼虧心事好說。

① 造成的困擾

一開始的困擾是來自頻繁的檢查，雖說問心無愧，就是照著標準走，但還會覺得不平衡，因為詢問其他採手，才發現只有我有這問題，其他人幾乎是寬鬆的放過，只有我被針對。

後期的困擾是，在經歷好幾次主管與經理的檢查無誤後，不知道什麼時候開始，換成老闆不時來親自視察，但也跟主管、經理一樣，都是看我採果的模樣，然後看看採果車裡番茄的狀況，不久就走了，沒有一次跟我說過話。

老闆的視察，彷彿是在說（純屬個人猜測，不代表老闆立場）：掉果的狀況嚴重➡快手為了績效獎金而不顧品質➡請主管、經理定時檢查➡不相信查核表、代碼記錄➡懷疑經理、主管袒護採手➡親自視察。

如此的不堪其擾，一直持續到我調回原本的團隊，不知又過了多久後，這樣的檢核循環才告一段落。

② 遵從上頭的指示做事

這次的事件讓我知道，這個空降的二代老闆也跟其他新來的主管一樣，都對原先公司既有的政策、制度及作業流程不熟稔。重點是他們都有個特色，就是下面的人說話聽不進去，總覺得自己是對的，堅持施行他們認為是對的政策，而實施不如預期時，再推卸責任說是下屬不給力，導致執行不到位。

基層主管、中階主管一直到經理，對於低一階的下屬不聽指示，還能用職位壓著他們聽話，但如果是老闆，還有誰能壓他？領他薪水的人，如果老闆都這麼說了，即使你是對的，還敢辯駁什麼嗎？我不知道其他人怎麼想，但我知道我們的經理是嘗試溝通過，最後以失敗告終，只能摸摸鼻子照做。

慶幸採果部門的經理是個明事理的聰明人，知道老闆的話不容忤逆，哪怕老闆的思維是錯的，還是乖乖回來照老闆的指示做事，並在職責範圍內，把老闆交代的事情給辦好。

③ 搞錯重點的管理

　　根據先前打工度假簽證的規定，背包客在1年之內，最久只能在同一間公司底下做6個月，我們農場每年也是背包客來來去去。對於某些已經在農場待了至少半年的老員工來說，如果真有為了速度亂採果的情況發生，之後若想回來繼續做時，經理、主管甚至是人資，是有權力因為這個人過去的不良紀錄而拒絕的。

　　何況，有人亂採果的情形，並非只有今年才發生，在我剛入職時，就陸陸續續發生過，更早以前的老包採手也說過：「只要人多的地方，總有人想做些偷雞摸狗的事情。」

　　所以對我們這些老員工來說，最起碼待了半年以上，公司有什麼規定、限制跟重點，我們是再清楚不過的，早就習慣在這些框架下做事；反倒是新進的採手，為求速度不擇手段，以為現場沒人管，自認為快手一定也跟他們一樣亂採、亂用，所以速度才能那麼快。

　　老闆把重點放在錯誤的人身上，所以才一直找不到問題的根源在哪裡，但在我們基層員工的眼中，問題卻是淺顯易見。事實也證明，那些慢手在錯的地方用盡心機，速度始終上不去。

④ 事件的反思

　　時間沉澱情緒後，至今不時仍會想起這段往事，當時採果的心情都是忐忑不安，一有空檔就被主管跟經理問話，耽誤不少時間。現在回想起來，心情平靜不少，主要都是在花時間反覆咀嚼與思考以下兩點。

❶ 未來職場上，要是遇到不懂現場狀況的主管，自己該怎麼因應。

❷ 哪天有機會擔任管理職，若也遇到老闆搞不清楚狀況亂指揮的情形，該怎麼做才好。

　　未來職涯還長，自己決定萃取這次的事件重點，以及對事情的看法，當作一次寶貴的實務經驗。

用行動證明別人說的是錯的

倘若未來自己不論是被同事或被主管誤會，與其解釋一百遍，更好的方式就是動手做給他們看，時間終會證明我是怎樣的人。

作為他人的員工，領公司的薪水，聽令行事也是天經地義，面對主管因為錯誤認知導致的錯誤決策，解釋也好，不聽也罷，我只能從自身去努力，在自己的職責範圍內把事情做到最好。最起碼，必須保護自己不被說不盡責、辦事不牢的嫌疑或可能性。

這次事件中，經理不論老闆的態度為何，他沒有試圖與老闆爭辯，而是順著老闆的意，在職責範圍內把事情辦了。時間會證明一切，數據也會說明一切，最終的結果會證實老闆的想法到底對不對。

最後，老闆身為金字塔頂端，擁有至高無上的權力，比起各主管與員工僅有的片面資訊，更能掌握公司的全貌。但如果對公司現有的一切業務不熟悉，即便有了各單位的報表，能下對幾次正確的決策？報表數字背後的涵義、各項制度存在至今的原因，都跟商業運作脫不了關係，如果老闆不能搞清楚這些關鍵節點及邏輯脈絡，只會讓企業逐漸走向衰敗一途。

做事只求盡力與問心無愧

沒有數據可以證實「速度快」跟「亂採果」兩者間有明確的因果關係，但我相信多數人的想法也跟老闆一樣，會下意識認為「是不是快手都在亂採」？

整個事件中，讓我最不平衡的是只有我受到衝擊，知道自己被針對後，我就將氣發洩到採果上，一方面是不示弱，把它當作一項挑戰，證明自己即便在這樣的環境下，仍然能把事情做到極致。

那段期間，我的採果速度一直創新高，最終迎來整個採果生涯的巔峰。現在回想起來，覺得熬過這一段時期挺值得的，結果也是朝好的方向收尾，自我突破的成就感油然而生，感覺自己對做事的容忍度、組織運作的理解，又更上一層樓。

制度下的雙重標準：
員工隨便吃虧，但公司「一定」不能吃虧

在 邊緣棚的那段日子，我因為老闆的錯誤認知，每天被「檢核」了一陣子，直到調去原先的團隊後才告一段落。主管在其中的責任，主要是針對檢核表的項目一項項跟我核對採果狀況，以及檢查採果車的部分；經理主要是做 Double Check 跟代碼紀錄的檢查。

在紀錄上有疑點的部分，像是兩個代碼之間的輸入時間間隔過短，經理就會拿著一疊前一天的紀錄，將他認為有問題的代碼畫起來，跟我要個解釋。假設前一天的紀錄中，我的平均採果速度為一車20分鐘，調出整天的代碼紀錄來看，一車時間落點都在18 ～ 22分鐘，但其中有兩個代碼紀錄卻是一車10分鐘，跟大部分時間相比有明顯差異，經理就會詢問為什麼會有兩個異常值發生。

並不是經理懷疑我，畢竟前半年這樣採過來，他曾未拿著代碼紀錄這樣問我過，還問得如此勤勞。主要是因為老闆要求每天的代碼紀錄，並親自過目，因為老闆不僅懷疑快手為了採快而不顧品質，也懷疑快手從代碼紀錄動手腳，只為了讓數字好看，多拿些績效獎金。

因此老闆自認為有「快到不合理」的部分，他要經理給個解釋，所以經理只好來看我是怎麼採果，並詢問某幾個時間間隔過短的原因。

快到不合理？看數據是否符合比例原則

最常見的原因，是採果車沒採滿，就提早換新車繼續採；休息前車採一半，休息後繼續採完才發現沒打到卡，所以就損失幾分鐘的採果時間；以及自己負責範圍內的最後一車，果剩多久就採多少，所以時間不好抓，倘若果不多，不到 5 分鐘就去輸入代碼也是很常發生的事。

所以經理想要了解的，其實是有沒有「非」常態所導致的原因，也就是數據中若有不符合比例原則的情形，便是老闆認為「快到不合理」的部分。

假如採一車 200 公斤的平均時間為 20 分鐘，若我有一個代碼是 10 分鐘採完，那一車落在 100 公斤上下，就沒有不符合比例原則的問題；反之，10 分鐘採到 200 公斤，數據不符合比例原則的問題就會產生，表示其中就有作弊的嫌疑在裡頭。

數據中看不到的外在因素

量化的數據能描繪出一個大致的輪廓，像是採果路徑、一車時間、重量、速度等，就能從中讀出當天的果量與採果情形，以及跟前幾天相比，今天的狀況是好或壞。

數據也有它的局限性，像是數據外的因素造成干擾後，因為沒有量化，所以突然發生狀況的當下，無法將數據進行修正，進而導致數據的失真。

例如，假設我一車的代碼紀錄是 10 分鐘採了 100 公斤，然後我就換車去支援其他人，但主管發現果沒採乾淨，請其他採手拿我的車多採了 5 分鐘，幫我的採果車多了 50 公斤。

由於同一台車不能被不同的採手所擁有，等於其他採手多送我幾公斤，但是數據庫不會有這台車多採了 5 分鐘、50 公斤的紀錄。所以實質上這台車共採了 15 分鐘、150 公斤，我的認知中上卻是 10 分鐘、100 公斤；公司確認到的數據則是 10 分鐘、150 公斤，數據不符合比例原則問題就會產生。

上述還只是其中一種情形。有時候果沒採完，但車沒了，只好拿先前還沒滿的車去補果，通常支援來支援去，當下用了誰的車根本不知道；有時候幫忙採果，結果箱數未達到最低標準，只能把這幾箱送給其他採手。

許多現場狀況，都是從既有數據中無法看到的外在影響因素。數據無法反應當下所有細節，只能事後道出公司想要知道的關鍵結果。上述這些突發的作業狀況，就是無法從數據中得知的明顯例子。

當經理質問我時，我無法對每一筆有問題的代碼紀錄做解釋，因為並非全然是我的原因，也可能是別人造成但我不知情的緣故。導致幾次在解釋原因時，只能憑前一天整個棚的採果情況，說「可能」是怎樣所造成的因素。

不過還好經理很信任我，幾次下來有默契後，除了確實要改善的部分要我注意外（休息記得打卡），剩下有問題的紀錄，他過來跟我確認說「是不是OOXX導致」並官腔示意後，就不太找我麻煩。之後一陣子，就多了老闆每天不時來視察的後話了。

③ 老闆的目的

我們的Leading Hand是新來的，短時間內無法理解「採手採越快，公司省越多」的結論。雖說如此，但那也只是理論下的理想值，裡頭沒有考量到一些現實因素，像是自然耗損、人為破壞所造成的損失，也不清楚是否採得越快，不良率會顯著提升等考量納入在其中。假如：

- 速度平均每小時300公斤，總不良率為3%（自然耗損2%，人為1%）。
- 速度平均每小時500公斤，總不良率為5%（自然耗損2%，人為3%）。
- 速度平均每小時700公斤，總不良率為7%（自然耗損2%，人為5%）。

如果有明確的數據證實速度越快，人為造成的不良愈越大，就有迫切修訂規則的必要性。我相信老闆知道績效制度背後的缺陷，因此個人認為老闆著重的重點在於：快手到底有沒有把事情做好，達到公司節省成本的目的。

就像我剛入職不久後曾質疑，自己連每小時300公斤的基本目標都達不到，那些速度500、600公斤/每小時的老鳥們，是不是真的都乖乖照著公司

的規矩做事？我也曾經做錯事被記了一次過，1年多來，早就習慣在這些框架下做事，深知公司的規矩在哪，要的是什麼。

4　明顯的雙重標準

　　為了證明自己的清白，我努力配合公司的查核，但仍十分不解為何只針對時間間隔短的代碼紀錄？同樣都是對速度有影響的異常值，怎麼只挑時間間隔短的紀錄看，卻不看間隔時間長的紀錄？

　　這樣的雙重標準，直接擺明公司只在乎發出去的獎金，而不關心員工是不是身體狀況有問題，還是當時棚裡出了什麼事，所以採的速度變慢。哪怕只是演戲，問與不問給人的感受就大不相同。

5　不讓自己變成加害者

　　不論差別待遇，或是雙重標準，生活上隨處可見，可能是有心，也可能是無意；可能來自他人，也可能是出於自己下意識的反應。

　　對於公司制度下的雙重標準，最常見的例子就是公司要求上班一定要提前或準時打卡，但下班卻隨隨便便，最好超過的工時都算責任制，不另付加班費，公司整個賺到翻過去。這種員工隨便吃虧，但公司「一定」不能吃虧的情形，實在是屢見不鮮，光在台灣，我們還見得少嗎？

　　我們無法輕易改變他人的行為，也無法阻止下一個被害者出現，但我們可以記下這種不悅的感受，在日常生活中多注意自己的言行。當我們無法阻止事態發生，至少，不讓自己變成加害者的一分子。

我在農場所遇到的兩位主管：懂做「人」的主管與會做「事」的主管

主 管A：「這是採果團隊造成的問題！」

主管B：「雖然是其他部門造成的問題，但我們要在權責範圍內想辦法解決。」

在農場採番茄的這段期間，有兩位主管的管理風格引我注目。一位是我的番茄團隊主管，也是整個採果部門的最高主管（Manager）；另一位則是包裝部門負責包裝番茄的團隊主管（Leading Hand）。

一位是每天上班一早一定會遇到的主管（採果團隊）；一位雖然上班不一定會遇到（支援包裝時遇到），但是每天在同個屋簷下生活（他是我房東），下班後一定會在家中遇到，包含週末。

兩者不論是在管理團隊、懲處及解決問題的方式都天差地遠，造就的團隊氣氛與外人對他們的評價也是截然不同。因為自己身分特殊，除了上班會遇到採果經理外，下班也會遇到包裝主管，因此可以就近觀察兩位主管在做事風格及觀念上的差別，從他們身上學到許多事物。

採果經理常開玩笑地說我是包裝部門派來採果團隊的內奸，叫我趕快搬家；包裝主管會在家中假借閒聊的名義，套我採番茄團隊的近況。重點是兩位主管互看不順眼，自己努力在兩者夾縫中求生存，盡力秉持著雙方都不得罪的狀況下工作與生活（真佩服自己熬了過來）。

至於他們的做事方式有什麼不同？我從他們身上觀察到、學到什麼？接著就來分享，我在農場與兩位行事風格截然不同的主管相處觀察紀錄。

① 帶團隊的方式

　　採果經理是採抓大放小的管理方式，給一個採果規則的框架，只要在規範內行事，要採快採慢都不會管太多。採慢的人只要有在公司要求的績效目標內，就不會被要求太多，反之想快的人就得自己想辦法摸索採快的方法。可以說只要有60分及格線以上，剩下就任憑個人本事發展。另外，經理跟團隊之間的關係除了是上下關係外，也像是平行的朋友關係，整個團隊氛圍比較有活力。

　　包裝主管思想縝密，有一套嚴謹的做事邏輯及方法論，做事講規矩不講情面。從大方向的規則到細部的SOP都嚴格執行，公私分明，明確區分上司與下屬的關係。若公司規定只要求60分，他會希望底下的團隊至少拿出80分以上的水準。有些背包客會覺得：「不過是打工，搞得那麼嚴肅幹嘛？」，但他就是非常要求工作上的SOP、品質及工作態度，整個團隊氣氛較壓抑沉悶。

② 處罰方式

　　採果經理比較重視情面，不太會在大家面前說誰犯了什麼錯，而是直接說「我們團隊」犯了什麼錯，希望大家乖乖遵守規定，然後私底下再去跟犯錯的人溝通，請他改正。

　　另一個比較高招的方法是用迂迴的方式糾正下屬（借刀殺人），經理不會直接去跟下屬溝通，而是請負責帶團隊的主管去處理，甚至是跟其他部門的主管說明，然後再請其他部門的主管去糾正下屬的行為。

　　簡單來說就是自己當白臉，找其他人扮黑臉的意思。這樣的好處是如果下屬被其他單位的人糾正，覺得自己被誤會，會回來找經理求助，經理就能知道該下屬的狀況，以及下屬對事件的態度為何。

　　舉例來說，我們一般的休息時間只有15分鐘，但有些人會休到30分鐘，經理沒有直接去糾正，而是透過HR去跟那些休息超時的人做溝通。

　　若下屬覺得被誤會，甚至跟HR溝通無效，就會去找主管求助。當主管跟

HR溝通完，不論問題或誤會有無解決，下屬都會覺得這主管真好，願意幫忙溝通。經理扮白臉的同時還能獲得資訊，又能獲得「好主管」的形象，可謂一舉數得！

<mark>包裝主管直來直往、就事論事，不打迂迴牌且賞罰分明。</mark>表現好的下屬自然會多給時數，有錯也會當場馬上糾正，若屢勸不聽就會開警告單，或是將下屬調至其他單位；相對的事後若發現自己是錯的，也會趕緊跟下屬道歉。

但也因為不講情面純說理的管理方式，所以很多時候下屬或其他單位的人打感情牌時，會被他打槍，導致他不講人情的強硬態度，常遭到許多檢舉投訴，甚至被農場大多數人冠上「機車」的評價。每年主管評比中，更榮登好幾年差評第一的主管。

③ 面對問題的處理方式

先說採果經理的部分。通常採下來的番茄會送到包裝主管的單位進行包裝，然後出貨。可以說包裝是採果團隊的品檢單位，倘若採下來的番茄品質太差，像是太多掉果、戳傷、畸形種等，就會被包裝主管在會議上要求改善。

會議上雖然會去檢討責任歸屬，掉果可能是生長藥劑的問題，也可能是植物照護沒讓番茄長好。大家可以在會議上互相踢皮球，直到老闆判定是採果經理的責任，最終採果團隊還是得吞，並被要求限期改善。

因此有時開早會，聽到有些非常不合理的改善，大家的第一反應可能是：「這不該是Crop Care（採果的上游）的責任嗎？」，此時不會聽到經理推卸責任的說：「聽聽就好」，或「我會去跟Crop Care算帳」，而是：「既然老闆認定是我們的問題，先盡好我們的本分再說。不要管是不是其他部門的問題，我們先把事情做好，若狀況還是沒有改善，我會將結果上報後再去做溝通。」

接著說包裝主管的情形。採果無法像包裝一樣進行全檢，除非品質狀況太糟糕，否則採果的品檢通常只能靠採果主管的隨機抽檢。因此採下來的番茄是否有問題，主要都是仰賴包裝單位，在包裝的同時一併做全檢檢查。

包裝部門當下如果遇到品質問題，會做耗損數量登記，紀錄番茄的不良

數量及不良率的狀況，並通知採果團隊。如果當天整個採果品質狀況沒有改善，包裝部門會在每天下班前彙整不良率及不良數量的清單，並在隔天一早彙報給老闆，或是在會議中提出。

面對上游採果，包裝主管面對問題的解決方式，是以數據做為依據；面對下游廠內的出貨前抽檢及客戶進廠檢驗，若有問題被驗退或退貨，他會利用檢核表釐清問題是否出自於自己團隊，若不是則歸類為採果團隊的問題。

4 立場所導致的對立與矛盾

每個單位都有自己的上下游，因此即便是採果上游Crop Care的問題，也是採果單位自己該去跟Crop Care去釐清責任與處理。因此對包裝主管來說，只要問題不是發生在自己單位身上，往上推就對了。

正因為這樣的責任鏈，造成採果團隊與包裝部門雙方都認為是對方在推卸責任的刻板印象。採果團隊認為是包裝部門沒有包好，包裝部門則是認為採果團隊沒有好好採，但其實只是立場不同，導致看問題的角度不同罷了。

包裝主管平時對團隊的要求就是至少80分起跳，又有數據跟檢查SOP當依據，採果經理因為品質數據掌握在包裝部門的手裡，因此無法即時知道採果的品質狀況。何況採果的KPI主要還是速度，因此平時只會關注速度而非品質的數據。因此會議結果往往是採果團隊得扛下戰犯的責任，採果經理便將責任鏈攬在番茄團隊上，並想辦法進行改善，而不是再究責到上游Crop Care，讓問題繼續延燒。

5 哪種管理方式比較好？

簡單整理一下兩者的管理風格與做事方式。

採果經理

▪ 做人、講情面為主的管理方式。

- 抓大放小，公司規矩60分為下限，採信任制，放任下屬自由發展。
- 找別人當黑手套，自己當白臉，因此團隊向心力強，下屬評價高。
- 面對問題不會再往外推，而是先試著在部門內解決。

包裝主管

- 做事、講理為主的管理方式。
- 有一套做事的方法論，採制度制並疊加自己的規則。公司要求60分及格，會自我要求80分起跳，嚴格控管做事的SOP。
- 直來直往、公事公辦，同事共事壓力大，下屬評價低。
- 面對問題以數據跟檢核表為依據，來判定責任歸屬。

　　採果經理在管理上有著老練的技巧，透過觀察，可以發現他的管理手段有許多可學之處；包裝主管則是做事很有原則、公私分明，說話做事都在理上，卻因此少顧及一些情面。可以說，兩者最大的差異在於：採果經理是重情大於理（做人）；包裝主管則是重理大於情（做事）。

　　至於哪種管理方式比較好？我認為這沒有標準答案，因為管理方式要依照情境、績效目標來決定管理方式。就像規模生產及客制化生產各有它的優劣勢一樣，在不同的情境下使用才會有好壞之分。兩位主管的管理風格截然不同，兩者的管理方式及做事方式也各有優缺點，並沒有所謂「最好」，只有所謂「最適合」。在我看來，兩位主管各自有我能引以為鑑的地方。

⑥ 沒有所謂「最好」，只有「最適合」

　　與其探討「哪種管理方式比較好」的假議題，應該捫心自問：如果未來有機會擔任管理職，想當「懂做人」的主管？還是「會做事」的主管呢？

　　小孩子才做選擇，我兩個都要！要會做人也要會做事！透過與兩個風格迥異的主管就近觀察與相處，自己在管理及做事的思維上受益良多，因此我會把兩者自己認同及喜歡的部分，納到個人的思考體系中咀嚼與內化。

　　等哪天有幸擔任管理職，過往的經歷都將化為我成長的養分，讓我從中借鏡與警惕，該注意哪些事「有所為，有所不為」。最後，留給大家一道思考題：你喜歡哪種主管？又想當怎樣的主管呢？

不要在制度面前隨便搞差別待遇，那只會輕易暴露出你對制度的無知

有一陣子採果我採得很不順，很大的主因是採番茄團隊新來一個 Leading Hand，他沒待過旺季，搞不清楚狀況，時常在大家採果時添亂，甚至下達錯誤的指令，耽誤到採果時間，害得大家狂掉採果速度。

我好幾度快爆氣，最後都忍了下來。直到有一次提問時，發現他對績效制度有非常嚴重的錯誤認知，也對我有些偏見，一氣之下就直接報到經理那邊去處理。最終他於 2020 年 2 月離職，我也趕在疫情爆發前，在 3 月下旬離開農場。

時間沉澱情緒後，至今不時會想起這段往事，只是心情沒有當時起伏多端，反倒是平靜不少。主要是在反覆咀嚼思考，若之後又發生相似的情形，該怎麼做才能更好。未來職涯還長，難免會再遇到與主管發生衝突的情況，於是我決定萃取這次的事件重點，以及自己對事情的看法，當作一次寶貴的實務經驗。

1 新主管對績效獎金的態度

前陣子被分配到邊緣棚採果，幾乎每天都是公司最早下班的採手群

體之一，想進包裝賺時數被說「沒缺人」，其他棚的還在採，問說能不能換套乾淨的衣服再去支援也被拒絕。看著其他單位有錢賺，自己這一群邊緣人卻只能乾瞪眼抱怨，於是有一天休息，我去問了我們的Leading Hand：「為什麼我們不能去幫其他人採，也進不了包裝？」

Leading Hand：「績效賺那麼多，幹嘛還要跟別人搶時數？」

我：「時薪跟獎金是兩回事，不能相提並論。」

Leading Hand：「是這樣嗎？不要為了想賺錢騙我。」

當下很想跟他解釋，最後還是打消念頭，畢竟數學的東西，對方如果對公司的績效制度沒有概念，一時半刻的休息時間根本解釋不完，何況他也不一定願意放開心胸去理解。其次，從他的口氣中，明顯感受到他對我有偏見，我也不想再跟他多說什麼，就轉而跟我們採果部門的經理反應。

經理是個明白人，論資歷、輩分也是公司頂梁柱之一，對採果部門的整體運作、制度有一定了解。聽完事發經過後，經理也認同「時薪跟獎金是兩回事，不能相提並論」，他非常清楚績效制度能顯著降低公司成本。

績效制度的建立，就是為了多鼓勵採手賺績效獎金，公司表面上看似多花錢，實際上卻能省下基本時薪的成本。畢竟，績效獎金賺再多，也沒1小時下來的時薪多，不是嗎？採得快，等於變相壓縮自己的工作時數，績效獎金的存在就是為了補償「採得快所損失的工作時數」。

所以，站在公司的角度看來，採手的附加價值來自於速度，採得越快對公司而言價值越大，因為你採得越快，公司省越多錢。

 ## ② 溝通的問題點在哪？

Leading Hand曾在別的部門待過，之後晉升為我們主管，相信他也嘗過績效獎金的甜頭，不然他不會有「做越快賺越多」的既定印象。可是，今天他已經不是底層員工，而是一位基層主管。

以前，他可以不知道績效獎金怎麼算，如今他已經是個基層主管，但績

效獎金的計算方式及公式背後的邏輯，他卻不清不楚，仍停留在員工的思維。換了位置，卻沒換腦袋，思維當然轉不過來。

通常，基層主管怎麼回應，背後就代表上層的意思，而上層的意思又代表老闆的意思。所以當聽到自家的主管說：「績效賺那麼多，幹嘛還要跟別人搶時數」，意思是不是說：公司其實不希望我們採快？既然如此，設立績效獎金的用意何在？

時數是大家都有的，績效獎金就是各憑本事，憑什麼我努力賺績效，卻還換來一陣嘲諷？公司的制度就是如此，當有人時數不夠，主管會優先詢問時數低的人要不要多上一點班，從不曾聽他說因為誰總薪資低，或是績效獎金賺最少就優先詢問的先例發生。

重點是，主管說的話跟績效獎金設立的邏輯相衝突。不一致的情形下，員工自然也會困惑，該聽誰的？誰才是對的？

③ 是否有針對性發言？

每個棚的採手都有快有慢，當初我說「我們」的時候，代表的是我們邊緣棚的所有採手，但Leading Hand判斷的「我們」，僅是我跟我女友的意思，不然也不會有「幹嘛還要跟別人搶時數？」的發言。

倘若換作是其他速度慢的採手詢問，我相信他不會給出這樣的回應。至少在這點上，績效制度就是個客觀標準的存在，大家都在同個基準上努力，主管卻因為「個人主觀意識」給予否定，這樣誰要替你賣命？

在我去跟經理投訴後不久，才知道別棚的採手也遇到同樣的問題，結果我們兩個棚的主管都被訓了一頓。

或許他沒有針對，純粹只是不經大腦的脫口而出；或許他沒有偏見，只是因為對公司制度的不了解所導致的失言。簡言之，新主管對於績效獎金只知其果，卻不知其因，就是他們最大的問題。制度因何而來，為何而生，本該是他們職責範圍內要知道的事，胡亂批判只是透露出他們對制度的無知。

④ 先搞懂制度再來談是非對錯

　　除了搞懂制度本身存在的意義，也要搞清楚制度背後設立的邏輯。會有差別待遇的感受，主要來自於前任與現任主管，在管理上熟識度差異的緣故。

　　在新主管接手前，都是經理直接帶我們，所以從前任主管到經理，甚至是老闆來巡察，能感受到整個公司的規矩很明確，一氣呵成的脈絡直達基層。

　　新主管空降後，上頭傳達的訊息，不一定能透過他們精準傳達到我們基層，甚至是以前延續下來的作業流程，都受新主管的質疑。採手無所適從時，自然會告狀到經理耳中，以確認自己的所作所為合乎部門與公司規定。

　　今天會造成這樣的誤會，很大的原因來自於主管對制度的不熟悉，不懂制度設立背後的邏輯，滿口胡言也不聽下屬解釋，導致說出與公司商業價值背離的發言。在大家共同遵守的制度面前搞差別待遇，只是公然讓人明顯看清一個人的本性與無知。

　　倘若自己有一天擔任管理職，上有主管、下有團隊，我也有可能因為自己的錯誤認知，給予他人荒誕的回應。以這次的事件為鑑，我已經在澳洲農場以受害人的身分體驗過一回，期許自己在未來的職場上，不要重蹈因為思維不轉換而導致的錯誤，成了一無所知的加害者。

澳洲打工 1 年，究竟能不能百萬年薪？讓我用農場 1 年的薪資告訴你

澳洲的夏天，總會有幾天溫度飆到40度以上，溫室的聚熱效果加乘上去，因此須在攝氏至少45度的高溫下採番茄，甚至有1天採完後，我全身發燙、四肢無力，最後才發現自己嚴重中暑。

仔細回想起來，番茄場一待就做滿1年，尤其是熱死人的夏天旺季，溫度飆起來時採得煎熬，不禁佩服自己的受虐程度。至於為什麼要在工作滿1年時，特別分析一篇年收入呢？主要是因為網上有著一段傳聞：來澳洲打工度假，到底能不能年賺百萬？或是來澳洲打工度假，賺不賺得到人生第一桶金？

在Google上打出關鍵字，至今還是有許多網友討論或是現身說法的熱門議題。以前只能看網友分享，現在我也能用自己的經驗來告訴大家，自己在番茄場採了1年番茄，到底有沒有年薪百萬？

1 年的薪資總結

照慣例，先附上薪資證明，如下圖（P.170）。

BSB	Account #	Account Name				Amount		Entitlements	Hrs/Units
063001	1107*****					$866.79			
								Annual Leave	0.0000
	Taxable	Non Taxable	Gross Pay	Tax Withheld	Deductions	Net Pay			
This Pay	$1,020.79	$0.00	$1,020.79	$154.00	$0.00	$866.79			
Y.T.D	$26,837.87	$0.00	$26,837.87	$4,028.00	$0.00	$22,809.87			

Payments			Hrs/Units	U.O.M	Pay Rate	Factor	Amount	
Casual			33.5100	Hours	$18.9300	1.2500	$792.93	
Bonus - Picking			1.0000	Each	$227.8600	1.0000	$227.86	
Employer Paid			Hrs/Units	U.O.M	Pay Rate	Factor	Amount	
AMP D3FZJ4 (Employer) %			9.5000	Percent	$1.0000	1.0000	$75.33	

上半年最後一期的薪資單。

BSB	Account #	Account Name				Amount		Entitlements	Hrs/Units
063001	1107*****					$1,833.22			
								Annual Leave	0.0000
	Taxable	Non Taxable	Gross Pay	Tax Withheld	Deductions	Net Pay			
This Pay	$2,157.22	$0.00	$2,157.22	$324.00	$0.00	$1,833.22			
Y.T.D	$23,268.54	$0.00	$23,268.54	$3,494.00	$0.00	$19,774.54			

Payments			Hrs/Units	U.O.M	Pay Rate	Factor	Amount	
Casual			61.1100	Hours	$19.4900	1.2500	$1,488.79	
Bonus - Picking			1.0000	Each	$668.4300	1.0000	$668.43	
Employer Paid			Hrs/Units	U.O.M	Pay Rate	Factor	Amount	
AMP D3FZJ4 (Employer) %			9.5000	Percent	$1.0000	1.0000	$141.44	

下半年最後一期的薪資單。

　　將上下半年合在一起看的話，1年下來的稅前收入為澳幣50106.41元，或稅後收入澳幣42584.41元。若以台澳匯率約為1：20來看，工作1年下來真的賺到了年薪百萬啊！但那只是稅前收入，扣稅後約只剩下台幣85萬元。

　　另外，近年來澳洲經濟不好，政府希望透過降息刺激經濟，導致好幾年貨幣持續走貶。

　　現在能體會到2010到2013年的背包客，澳幣從當初的匯率高峰1：30掉到現在的1：20，等於當初擁有百萬台幣價值的澳幣資產，現在變相縮水三分之一左右！回到正題，讓我們再來看看52週的薪資結構組成。

工作1年下來的薪資結構組成

- 稅後收入：澳幣42584.41元。
- 總工作時數：1739.67小時。

薪資結構組成

- 基本薪資：澳幣34674.03元。
- 採果績效：澳幣7271.78元。
- 包裝績效：澳幣184.42元。

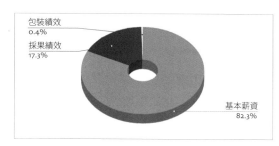

農場1年的各項薪資組成百分比。

採果雖然有績效獎金，但從比例來看，大部分還是靠基本時薪在撐，也再次驗證：很多人覺得採果有獎金拿，就是賺得多的迷思，並沒有好嗎！事實上少工作1天的採手，績效獎金就只是來補少上1天班的薪水。殘酷的是，並非每個採手的績效獎金能像我一樣，能勉強補1天的薪水差，更多的是獎金少到可以忽略不計，就跟我包裝的績效獎金一樣。

1年52週拆解成每週的薪資結構組成

▣1年下來的平均週薪：澳幣818.93元。

每週薪資結構組成

▣平均工作時數：33.46小時。
▣基本薪資：澳幣666.81元。
▣採果績效：澳幣139.84元。
▣包裝績效：澳幣3.55元。

以法定基本工時38小時來看，每週基本薪資上限門檻大約落在澳幣786元左右（稅後澳幣20.7元×38小時），我的平均週薪勉強超過及格線邊緣；以個人目標每週「至少」賺澳幣750元、存澳幣500元來看，也只落在及格線之上。雖然沒有大富大貴，但該存的錢沒有少存。

兩個半年的薪資差異分析

看完我1年近百萬的薪資後，有興趣者可以再接著看2個半年的薪資差異，以及合併1年後的總額，如下表。

	上半年	下半年	1年
總收入（稅前）	26837.87	23268.54	50106.41
總收入（稅後）	22809.87	19774.54	42584.41
工作週數	26	26	52
平均週薪	859.68	760.56	818.93

	上半年	下半年	1年
薪資組成	22809.87	19774.54	42584.41
總工作時數	916.21	823.46	1739.67
基本薪資	18423.88	16250.15	34674.03
採果績效	3778.19	3493.59	7271.78
包裝績效	149.9	34.52	184.42
每週薪資組成	859.68	760.56	818.93
平均工作時數	35.24	31.67	33.46
基本薪資	708.61	625.01	666.81
採果績效	145.32	134.37	139.84
包裝績效	5.77	1.33	3.55

不習慣看表格者，可直接看上下半年的總薪資比較圖，如右圖。

可明顯看到，下半年不論是整體薪資或各項薪資，都明顯輸給上半年，整體薪資最終差了澳幣3100元（約台幣62000元左右），光基本薪資就差了澳幣2200元（約台幣44000元左右）。

最後，來看上下半年的平均每週薪資比較，如右圖，跟26週的圖表看起來差異不大，同樣是上半年完勝下半年。

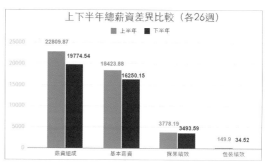

上下半年的薪資比較。

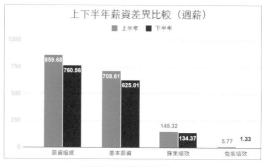

平均每週薪資比較。

③ 上下半年的薪資差異

為什麼2個半年會有這麼大的差異？原因主要有以下兩點。

❶ 下半年公司出台了「時數控管」的新政策，為了避免加班費，盡可能把每個人的工時壓在每週38小時內，包裝部門從原本的一班制（訂單做到完）改成現在的兩班制（早班跟晚班），導致現在採果單位沒什麼機會進包裝撐時數（約2週進去一次，每次約2～4小時）。

❷ 上半年是在淡季轉旺季時入職，技巧練起來後旺季直接賺一波，直到準備轉淡季時結算；反之下半年直接從淡季開始做起，採了近2個月半工時短又沒績效拿的番茄，直到春天來臨才逐漸有起色。

薪資結構中，唯一被低估的項目就是下半年的採果績效獎金，因為其中有2個半月的獎金是零，拉低整個項目的平均，不然把獎金為零的週數拿掉，每週獎金平均應有澳幣200元以上。

④ 百萬年薪不是不可能

若不看農場工作1年，而是從2018年8月下旬登入澳洲開始算起，當初找工2個月、中間還回台1個月、旅遊1個月，就這樣算到2020年1月2日為止，總共花了1年4個月的時間才賺進百萬。所以自己賺進年薪百萬的前提，是建立在進入農場後開始算起，不包括前期找工及中間旅遊的時間。

另外，賺多少不是重點，能存下多少才是一回事。真有本事的人，並不是在澳洲賺了一百萬的人，而是存下一百萬的人。那麼，我賺百萬後，又存下多少呢？容我在這裡賣個關子，後續的篇章再來分享自己在澳洲的生活花費，現階段只能透露自己在省錢的技巧上，還有很大的進步空間。

至於經濟問題導致的澳幣貶值，我只能表示，大環境不是你我所能決定，與其抱怨，不如努力活在當下，認真過好每一刻。畢竟，俗話說的好：「沒有不景氣，只有不爭氣！」文末，祝所有遠赴澳洲打工的背包客，都能在這賺到（或存到）屬於自己人生的第一桶金。

結束了，我的澳洲打工生活！ 農場總收入大公開

隨著疫情在澳洲逐漸蔓延開來，我的打工度假之旅也到了尾聲。原定的紐西蘭環島計畫被迫延期，更沒想到離澳的班機被取消，被迫提前一週匆匆忙忙離開。

少賺1週錢，還多花機票錢，採果的最後一天也來不及跟主管與同事好好道別，撇開許多同事都是背包客不談，畢竟回台還能見到面，但是主管都是當地人，一旦離開澳洲，下次見面已經不知要到何年何月。無法跟澳洲的一切好好道別，增添一處遺憾。

言歸正傳，這篇將自己在農場工作1年3個月的薪資做一個總整理。

1 年 3 個月的薪資結構分析

不分什麼上半年、下半年的工作期，直接揭曉我在農場所有工作期間的薪資結構。

◎1年3個月下來共賺了稅後：澳幣53676.79元。
◎共工作64週，平均週薪：澳幣838.7元。

雖沒有到週週破千，以我每週「至少」賺澳幣750元、存澳幣500元的目標來看，每週平均多澳幣80元的錢能運用，1年3個月下來就多了澳幣5120元，也是筆不小的數目；若以法定基本薪資澳幣786.83元相比，我的平均週薪比法定週薪多了約澳幣50元左右，相當於2個小時左右的薪資。

64 週以來的薪資結構組成（澳幣）

- 稅後收入：53676.79元。
- 總工作時數：2127.56小時。
- 基本薪資：42706.50元。
- 採果績效：10266.42元。
- 包裝績效：249.69元。

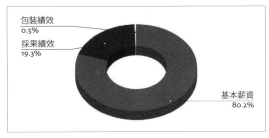

農場1年3個月的各項薪資組成百分比。

即便今年旺季的採果速度比去年快，從上圖可看出基本薪資仍占八成比重，所以不論是採果還是包裝，數據證實基本薪資才是重點，績效反倒是其次。但這不代表能完全不考慮賺績效獎金，畢竟現實情形是屬於動態博弈。

拆解每週的薪資結構組成（澳幣）

- 1年下來的平均週薪：838.7元。

每週薪資結構組成（澳幣）

- 平均工作時數：33.24小時。
- 基本薪資：667.29元。
- 採果績效：160.41元。
- 包裝績效：3.90元。

每週工作時數平均下來只有33小時，平均週薪卻比每週標準工時38小時下的法定底薪786.83元還高，換算下來等於每小時的稅後薪資達25.23元（或稅前29.68元）！跟2019年臨時工（Casual）最低每小時稅後20.71元（或稅前24.36元）相比，高出4.5元。另外，跟包裝幾乎只能靠時薪比起來，自己在採果的時間價值也相對較高。總結來說：採果雖累，但值得！

各時期薪資差異比

相對於上半年是準備進入旺季時入職（春天→夏天），然後再準備轉淡季時離開（夏天→冬天），下半年回鍋後又做了9個月，完整經歷一次春夏秋冬，這次從淡季待到旺季準備結束（冬天→春天

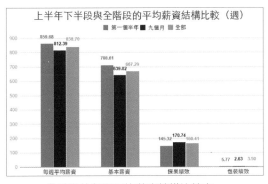

各時段的每週平均薪資結構比較表。

→夏天→秋天）。淡季最慘的時候早上7點半上班，10點打休息鐘就下班了，那時候的薪資1週只有澳幣400元左右。

因此回鍋後的平均週薪有過澳幣800元，甚至只跟上半年差了澳幣45元，現在回想起來，只能說非常不簡單，幾乎都是靠旺季把平均拉高。旺季賺得多也累得多，自身體會到靠天吃飯的行業，掙錢是多麼不容易。

③ 終究是用時間堆出來的年薪百萬

想要用1年的時間賺到百萬，並非不可能，你不需要週週破千，只需要大概每週平均澳幣840元左右，持續52週即可（或是週薪稅前澳幣977元左右）；你也不一定要找到一個四季穩定的工作，像我就是靠拚一波旺季來補淡季的低薪，只是你要運氣很好，能一下飛機就能找到工作，才能「剛好」用1年的時間「賺」到「至少」「稅前」百萬。

不然就會像我一樣，雖然在農場工作1年3個月，但實際上來澳洲的時間卻已經過了1年7個月，表面上看似賺了稅後百萬，說穿了也是用時間堆出來的，並沒有什麼好值得炫耀。

從澳洲落地一直到離澳的1年7個月，共賺了澳幣53676.79元（或稅前澳幣63156.27元），換算下來平均1個月也才賺澳幣2825元左右（或稅前澳幣3324元）。以當時2020年3月的台澳外匯約1：18來看，相當於每個月收入台幣50850元（或稅前澳幣59832元）而已。

但在台灣想擁有一個月50000元的薪水，你必須有點本事外，可能還得放棄生活品質；反觀在澳洲，這只是基本薪資，且能兼顧生活與工作的平衡。

本以為身體最健康的時候會是在服役期間，想不到在澳洲務農的生活作息，反而讓我的身體狀態處於人生最巔峰！早睡早起，上班練身體，把我原先在台灣作息不正常、不運動導致的慢性疾病與走樣身材調整到最佳狀態。

跳脫台灣的舒適圈吧！花個1～2年的時間來體驗澳洲人的活法，順便幫自己的人生喘口氣，思索未來的可能性，不見得是一個多壞的選擇。至少這1年多的時間，除了存了筆小錢外，我活得比在台灣還健康快樂。

澳洲生活花費

COST OF LIVING

澳洲的消費水準高不高？我在澳洲生活 1 年 7 個月的花費總結與分析

澳洲的消費水準是不是很高？關於澳洲打工度假，除了薪水最常被提及外，其次就是生活花費的問題。接下來的篇幅，將說明我在澳洲 1 年 7 個月的花費概況。

 ## 澳洲 1 年 7 個月的生活花費

所有日常花費的數據皆來自我的記帳APP，以下將花費分成衣、食、住、行、樂與其他共六大項，總花費與各項花費如下。

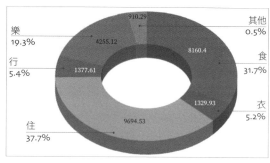

各項花費的比例組成。

總花費：澳幣 25727.88 元

▫衣：澳幣 1329.93 元。

▫食：澳幣 8160.4 元（食材：澳幣 4884.85 元，外食：澳幣 3275.55 元）。

▫住：澳幣 9694.53 元（含水、電、瓦斯、網路等費用）。

▫行：澳幣 1377.61 元（僅含油錢與其他維修雜支）。

▫樂：澳幣 4255.12 元（娛樂：澳幣 1365.86 元，社交：澳幣 2889.26 元）。

▫其他：澳幣 910.29 元。

住與食是百分比最高的兩項花費，將樂也納入的話，上述三項就占了85.9%的比重，大約為澳幣22110.05元。接著再將食與樂的部分，拆成細項來看（如右圖），住仍占最大的份額，其次是食材（19%）、外食（12.7%）與社交（11.2%），這四項占總花費近八成的費

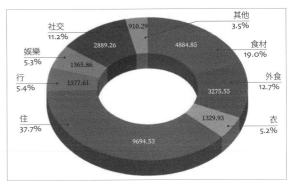

食與樂拆成細項後的各項比例組成。

用，約為澳幣20744.19元，也就是在澳洲的1年7個月中，大部分的錢都花在住、吃與社交上。

每個月的生活花費

為了方便大家跟台灣生活做比較，我將1年7個月的生活花費平均攤成每個月（共19個月）來看。

總花費：澳幣25727.88元

平均每個月生活花費：約澳幣1354.1元

- 衣：澳幣70元。
- 食：澳幣429.49元（食材：澳幣257.1元，外食：澳幣172.4元）。
- 住：澳幣510.24元（含水、電、瓦斯、網路等費用）。
- 行：澳幣72.51元（僅含油錢與其他維修雜支）。
- 樂：澳幣223.95元（娛樂：41.89元，社交：152.07元）。
- 其他：澳幣47.91元。

平均每個月的生活花費落在澳幣1354元左右，折合台幣大概是24372元，相當於台北1個月的生活花費。

前面有提到，自己在澳洲1年7個月來，每個月的平均薪資為澳幣2825元，折合台幣大約是稅後50850元。也就是每個月收入扣掉生活支出後，還能剩下一半左右的薪水當作存款，或是做其他規劃使用。

- 平均月結餘澳幣1471元（52%）＝（2825-1354）÷2825
- 平均月結餘台幣26118元（51%）＝（50850-24372）÷50850

③ 每週的生活花費

　　由於澳洲大多都是領週薪，房租也是每週支付，為了方便做生活花費上的比較，將1年7個月（共579天）的生活花費攤成每週（共82.7週）來看。

總花費：澳幣25727.88元

平均每週生活花費：約澳幣311.1元

- 衣：澳幣16.08元。
- 食：澳幣98.67元（食材：澳幣59.06元，外食：澳幣39.6元）。
- 住：澳幣117.23元（含水、電、瓦斯、網路等費用）。
- 行：澳幣72.51元（僅含油錢與其他雜支）。
- 樂：澳幣51.45元（娛樂：澳幣16.52元，社交：澳幣34.94元）。
- 其他：澳幣11元。

　　關於自己存錢的目標為：每週「至少」賺澳幣750元、存澳幣500元，其中每週生活花費要壓在澳幣250元內，包括吃、住、交通、電話、生活用品及娛樂等生活大小事。

　　從數據與目標差異比起來，每週的平均花費比預期的250還要多了61.1元。若以農場1年多的平均週薪澳幣838.7元來看：**每週平均存下澳幣526.7元＝週薪澳幣838.7元-週花費澳幣311.1元**。雖然每週花費比預期多花了澳幣61.1元，但是每週至少賺了超過澳幣750元，比原先預期還多澳幣88.7元，每週目標存款額也比原先預期的澳幣500元多了澳幣26.7元。

④ 支出上的檢討

　　雖然薪資比預期還多，但存下的錢沒有等速成長，最主要的原因在於沒有控管好支出的部分。每週開銷比預期多出澳幣61.1元，主要是外食（澳幣

39.6元)與社交(澳幣34.94元)的部分開銷太大(兩項共計澳幣74.54元)。

尤其在離澳前最後幾個月,因為懷著「之後再不吃,回台灣就吃不到」的心情,假日沒事就往墨爾本市區跑,導致外食太頻繁(每週外食澳幣39.6元,等於每週吃兩、三次外食),以及跟朋友出去玩、聚餐的緣故(每週娛樂花費為澳幣34.94元,相當於兩餐外食),如果能降低這兩項開銷,把每週花費確實控制在澳幣250元以內,等於每週能比預期多存澳幣88.7元。(每週平均存下澳幣588.7元=平均週薪澳幣838.7元-每週預期花費澳幣250元)

每週平均採買的伙食費為澳幣59.06元,自己煮可以吃1週還有剩;反之吃外食,兩餐就要澳幣39.6元,何況還有社交聚餐澳幣34.94元的部分,相對於自己煮,外食費用真的貴很多,外食幾餐的錢都夠抵1週的伙食費。

因此,如果當初可以將外食的費用省下來,在離澳前最多能存下:

▣ 原先省下澳幣2208.09元=澳幣26.7元×82.7週
▣ 最多省下澳幣7335.49元=澳幣88.7元×82.7週
▣ 離澳前可多存澳幣5124.7元=澳幣7335.49元-澳幣2208.09元

如果當初有妥當控制費用,日積月累下來,也是一筆可觀的數目:澳幣5124.7元,相當於多存了台幣10萬元左右!

5 賺了多少不是本事

自己雖然在農場賺了近百萬的年薪,終究只是「稅前」百萬,還是用時間慢慢熬出來的,分析自己的生活開銷後,發現自己在省錢跟存錢的本事上,還有待加強。重點是,這只分析了平時生活開銷而已!還不包含跟女友一家人到澳洲東部各大城市的旅遊花費,以及塔斯馬尼亞1週遊、雪梨跨年的旅費、機票費用等。

不過當初設下每週存澳幣500元的目標,就是為了將省下來的錢花在旅遊上,所以早就做好回台後,存款剩沒多少的心理準備。

總開銷就寫到這,讓大家對於澳洲的生活花費有個大概的底。相信在生活開銷的控管上,做得比我好的人比比皆是。

澳洲生活的日常花費：「食」篇

澳洲的消費水準很高嗎？如果我說只要涉及人工的都很貴，卻又不太貼切；要說物價貴，但衣服、鞋子、3C產品等卻又比台灣便宜些，很難一言概括澳洲1年多來的生活體驗。

大多數人往國外跑，往往都是以觀光客的角度看待其他國家，所以澳洲給台灣人的普遍印象，就像其他的西方國家一樣，有種什麼都貴的錯覺。就像很多人喜歡往日本跑一樣，日本雖然整體的消費水準較台灣高，總有些東西相對於台灣便宜許多，與其在台灣買，不如去一趟日本掃貨來的划算。

即便跟朋友講了許多當地消費的經驗，大家也是聽得一頭霧水。

由於平時就有記帳的習慣，在整理自己每週、每月的消費紀錄後發現，我在澳洲每個月的花費，與台北1個月的生活花費差不多，相當於每個月澳幣1000 ～ 1350元，折合台幣20000 ～ 27000元左右。

總花費：澳幣25727.88元

平均每個月生活花費：約澳幣1354.1元

- 衣：澳幣70元。
- 食：澳幣429.49元（食材：澳幣257.1元，外食：澳幣172.4元）。
- 住：澳幣510.24元（含水、電、瓦斯、網路等費用）。
- 行：澳幣72.51元（僅含油錢與其他維修雜支）。
- 樂：澳幣223.95元（娛樂：澳幣41.89元，社交：澳幣152.07元）。
- 其他：澳幣47.91元。

與其跟朋友解釋一大堆，現在我都直接說：「澳洲1個月的生活花費，就跟台北生活1個月下來差不多。」不同縣市的朋友，會有一套自己的比較標準，就不用再多說什麼了。

雖然這麼說，但是有台北的朋友糾正說，在台北生活可能花得更多，大概台幣26000～30000元。但不論如何，至少這樣的說法能讓對澳洲不熟的人，對於當地的生活成本有清楚的概念。接下來預計用三篇文章的篇幅，分別是「食」篇、「衣」篇、「住、行、樂與其他」篇，讓大家對澳洲的消費水準有更多認識。

這篇文章，就先介紹「食」—關於開伙與外食開銷的部分。

關於開伙—食材採買

如果撇掉租屋這項每週最貴的固定支出，「食」就是每週花費最多的部分。

總花費：澳幣 25727.88 元

平均每週生活花費：澳幣 311.1 元

- 衣：澳幣 16.08 元。
- 食：澳幣 98.67 元（食材：澳幣 59.06 元；外食：澳幣 39.6 元）。
- 住：澳幣 117.23 元（含水、電、瓦斯、網路等費用）。
- 行：澳幣 72.51 元（僅含油錢與其他雜支）。
- 樂：澳幣 51.45 元（娛樂：澳幣 16.52 元；社交：澳幣 34.94 元）。
- 其他：澳幣 11 元。

相對於外食，自己煮的成本便宜很多，所以每逢假日的採買，幾乎都把錢跟時間花在採購食材上居多。

每週平均伙食費為澳幣 59.06 元，自己煮，至少可以吃 1 週；若兩餐吃外食，就要澳幣 39.6 元，因此相對於自己煮，外食費用貴很多。

澳洲當地的兩大超市 Coles、Woolworths 每週都有對折品的促銷活動，許多生活用品打下來的價格甚至比台灣還低。除了當地蔬果與肉類外，也能買到各國的產品，只是跟亞洲產品相比，歐美進口的產品相對便宜許多，何況有些商品的原價就已經比台灣便宜，打對折後價格更是誘人。在台灣無福消受的東西，在澳洲因為週週打折的緣故，更能盡情體驗在台灣享受不到的

歐美零食。所以有些在台灣買不到或買不起的零食、餅乾、冰品等，許多背包客就會趁著打對折時掃起來嘗鮮、囤貨。

我以在台灣吃不起的 Häagen-Dazs 為例：2020年於 Coles 官網看到容量457ml 是澳洲最常見的規格，原價澳幣11.5元（折合台幣約230元左右）；在台灣不同商場查詢相同容量（或相近容量）的售價，價格大多落在台幣285～300元。即便之前有優惠活動，任選兩個台幣399元，平均下來一個也要價台幣199.5元，只比澳洲原價便宜一點點。原價就先輸了，何況澳洲還打到對折，澳幣5.75元相當台幣115元而已，等於在台灣只買得起迷你杯的價格（補充說明：2023年 Häagen-Dazs 已從澳幣11.5元漲到12.5元）。

澳洲當地產的蔬果、肉和乳製品，都比台灣便宜，還有歐美的零食，在台灣的代購網隨便看都比當地還要貴上許多！像是澳洲國民點心「袋鼠餅乾」，當地原價一袋澳幣5.5元，折合台幣只要120元左右，但台灣代購卻賣到300多元，相當於2倍多的價錢才能買到。

在台灣常見的品客洋芋片，澳洲原價澳幣4元，相當台幣80元左右，但是等到對折活動下來，一罐只要澳幣2元，比台灣賣的台幣45元、55元還要便宜。如果以每小時薪資換算下來的購買力相比，以台灣2020年最低時薪台幣158元來看，只能買到3罐左右；反觀澳洲當年度臨時工的稅後時薪20.7元澳幣來看，光用原價購買，就能買到5罐，更不論對折下來，就能買到10罐（補充說明：2023年品客已從澳幣4元漲到5元）。

可以說，在台灣很容易買到的東西，在澳洲的原價不一定比台灣貴，但打對折下來後卻比台灣低；在台灣不容易買到的東西，澳洲的價錢就相對台灣便宜很多。當地生活久了，向其他背包客學習如何買得巧，自然就不會覺得當地物價很貴，反而會覺得台灣物價才高呢！

② 關於外食

跟台灣一樣有各國美食，有低檔跟高檔餐廳之分，價差可以拉到很大。

同樣一份牛排，可以從一份澳幣12元的商業午餐到一份澳幣50元的高級和牛，甚至是澳幣99元的和牛吃到飽，因此外食的花費很難一言以蔽之。

真要說的話，以自己外食正餐的經驗來看，一餐花費約澳幣10～35元（台幣200～700元），大概就是台灣吃中價位餐館的水準。就像我在墨爾本吃上癮的蘭州牛肉麵，一碗澳幣13.5元，以台灣的物價水準來看，折合台幣270元的牛肉麵算是小貴，但在墨爾本，卻是CP值超高的平價美食。

- 從咖啡來看，一杯澳幣4～8元（台幣80～160元），跟台灣差異不大。
- 糕點等點心一片大概澳幣7～13元（台幣140～260元），跟台灣有點水準的糕點店差不多。
- 早午餐大概澳幣15～25元（台幣300～500元），比台灣小貴一點。

以台灣的角度看澳洲，外食花費看似高，但若以時間價值來看的話，兩者的差異不大。

同樣是吃外食，一碗澳幣13.5元的蘭州牛肉麵，大概要工作30分鐘才能吃到；台灣一個便當大概要台幣70～120元不等，以目前最低薪資每小時176元來看，相當於工作24～40分鐘換一個便當。

若慢慢往價位高的餐館去比，澳洲的高薪資水準明顯就會跟台灣拉開，也顯得台灣的時間價值相對較低。以鼎泰豐為例，為方便比較，單看小籠包（Pork Xiaolongbao）就好：同樣是小籠包，澳洲八顆澳幣14.9元，平均一顆約台幣33.5元；台灣則是一顆台幣25元（一籠十顆250元），價差達1.5倍。

以薪資來看工作多久能買一份小籠包（為求公平，都以十顆來做比較）。

國家	每小時薪資	十顆小籠包價格，換算工時
台灣	台幣176元	1小時25分鐘
澳洲	澳幣21元	43分鐘

以澳洲一籠八顆按照比例原則來看，十顆小籠包價格大約為18.63元澳幣。最後比較結果出來可以知道，在澳洲不用工作1小時，就能吃到一份鼎泰豐小籠包，在台灣必須比澳洲多做42分鐘才吃得起一份。

澳洲每小時21元的薪資，相當於台幣420元左右，是台灣的2倍多，但澳洲的整體花費，卻沒有台灣的2倍。上述還只是用一般正職薪水來看，而不是臨時工（Casual）的時薪澳幣26.7元來做比較，倘若以大多數背包客Casual的時薪與台灣的薪資比較物價，只會獲得更慘不忍睹的結果。

最後，以貢茶的珍珠奶茶（Pearl Milk Tea）比較做收尾。澳洲貢茶的大杯珍奶價格為澳幣8元（折合台幣160元），比台灣一杯台幣55元貴上2倍多（將近3倍）。以薪資水準來看，不論在台灣或澳洲，以當地1小時的薪資都能喝上三杯珍奶；反觀台灣人到澳洲旅遊，1小時的薪資卻只夠喝一杯珍奶。

會有澳洲外食很貴的看法，主要都是以台灣人的薪資水準去做比較，若是以兩者的時間價值相比較，兩者的外食花費其實差不多。只是在澳洲，因為自己煮省下的錢比台灣更明顯，自然會大幅減少外食的比例。但若真要我說的話，澳洲外食「貴」會是在吃高檔餐廳，或是選擇在假日與國定假期間用餐，而需要額外支付服務費的加成，上述兩者才是外食貴的主因。

③ 外食貴，但沒貴到吃不起

總結來說，外食的確是貴，吃幾餐就能超過1週的食材費，但在台灣何嘗不是如此呢？只是差異沒那麼明顯，所以在台灣，外食的整體效益比開伙好。

但在零食、甜點或是食材，還有生活用品的採買上，澳洲大部分的商品都比台灣更具有價格優勢。即便有些東西原價比台灣貴一點，但因為薪資水準的關係，同樣1小時的薪水，能買到的量也比台灣多，更不論週週打對折的銷售方式，只要不是急需，或是生活必需品，都可以等到打對折時購買，因此比台灣划算太多。

這不經讓我懷疑：到底是台灣人的時間不值錢，還是台灣人的錢比較好賺呢？這是一個整體社會值得去思考的大課題。

澳洲生活的日常花費：「衣」篇

服飾占我總花費中的比重相當低，除了工作相關的衣褲與鞋子外，我平時很少在穿著上多做琢磨，平均1個月下來的花費僅有澳幣70元左右。

這邊的服飾價格與台灣差不多，通常我們都在WIG.W、Target、DFO、折扣零售店及Outlet看衣服，配合購物檔期與換季，都能買到便宜的衣褲。除了買工作用的服飾外，我平時很少去逛服飾店，因為採番茄的緣故，衣褲容易髒，所以不怎麼買休閒服飾。

就像工作用的衣服，出清價澳幣4元一件，相當於台灣路邊攤或雜牌台幣100元一件，還有褲子澳幣20元一件，重點是品質、用料與觸感都比台灣好。另外，由於澳洲人的身材高大，所以服飾尺寸基本上都要比台灣小一號，而女友身材嬌小到可以挑兒童尺寸的衣褲來穿，等於可以用更低的價錢買到更好品質的服飾。

反觀，我們在澳洲買最多的就是外套，尤其我們又特別鍾愛紐西蘭登山休閒品牌Kathmandu（俗稱K牌）的外套。因為紐西蘭跟墨爾本都屬於緯度較高的地方，這邊賣的外套比亞洲地區更加保暖，我們都趁著購物特賣還有換季的時候，用五折價買了好幾件帶回去給家人穿。

還有巴西品牌Havaianas的夾腳拖，我一開始不知道這牌子，是女友跟我說台灣一雙最便宜的也要台幣500元，在澳洲最便宜的只要澳幣10元一雙，相當於台幣200元，於是就買了幾雙回家，也被家人給予正面評價。

最讓我吃驚的，就是澳洲運動鞋的價格，同樣是官網原價販售，價格都比台灣低上許多！

例如，同樣一雙adidas的鞋子POD-S3.1經典款，澳洲的價格為澳幣160元（折合台幣3200元），光原價就已經比台灣官網原價3990元還便宜許多。

澳洲打對折下來剩澳幣80元，相當於台幣1600元的價格，也比台灣官網打折過的價格還低，即便台灣官網打對折，台幣1995元的售價還是比澳洲的對折價還要高，重點是台灣的價格從未打對折過。

當初在澳洲很中意這雙鞋，跟台灣比價下來發現划算許多，所以我跟女友各買了一雙回台灣。更不用說New Balance 247系列的休閒鞋、PUMA打折下來千元有找的運動鞋、Under Armour等，不僅是鞋子，甚至是衣服、帽子與褲子等服飾，光是澳洲官網跟台灣官網相比，都會讓人覺得：難不成台灣人都被當成盤子不成？更不論澳幣近年來一貶再貶，物價就顯得更便宜了。

習慣到了澳洲還是這副德性

衣裝部分，不論是原價或是折扣力度，都比台灣有感，更不論澳洲的薪資水準是台灣人的2倍多，價格卻跟台灣差不多，購物季或出清時，打折下來甚至比台灣便宜。

跟飲食有相同感受，且更加強烈。同樣是1小時的薪水，在澳洲卻能以更便宜的價格買到，或能買的量比台灣多，所以時常看到在台灣就有購物狂性質的背包客，在澳洲變得更加失心瘋，買得比在台灣還瘋狂。「錢沒有不見，它只是變成你喜歡的樣子」這句網路名言，名正言順成了購物狂的口號。

如果東西買太多帶不走怎麼辦？把省下來的錢當作運費將東西寄回台灣。最後就變成，在台灣沒存什麼錢，因為都花掉了，然後說是薪水太少存不到錢；到了澳洲也沒存什麼錢，因為誘惑太多，太好買了，還是存不到什麼錢。

一個人的觀念、態度、人格與行為，早在台灣就養成了，過去養成的習慣，不論好的一面或壞的一面，到了澳洲都會放大數倍。因此，來到澳洲，更能看清一個人的真實樣貌。

澳洲生活的日常花費：「住、行、樂與其他」篇

這篇文章簡單介紹住、行、樂與其他的部分。

平均每個月生活花費：澳幣 1354.1 元

- 衣：澳幣 70 元。
- 食：澳幣 429.49 元（食材：澳幣 257.1 元，外食：澳幣 172.4 元）。
- 住：澳幣 510.24 元（含水、電、瓦斯、網路等費用）。
- 行：澳幣 72.51 元（僅含油錢與其他維修雜支）。
- 樂：澳幣 223.95 元（娛樂：澳幣 41.89 元，社交：澳幣 152.07 元）。
- 其他：澳幣 47.91 元。

轉換成 1 週來看的話，平均每週生活花費：澳幣 311.1 元

- 衣：澳幣 16.08 元。
- 食：澳幣 98.67 元（食材：澳幣 59.06 元，外食：澳幣 39.6 元）。
- 住：澳幣 117.23 元（含水、電、瓦斯、網路等費用）。
- 行：澳幣 72.51 元（僅含油錢與其他雜支）。
- 樂：澳幣 51.45 元（娛樂：澳幣 16.52 元，社交：澳幣 34.94 元）。
- 其他：澳幣 11 元。

① 住的部分

有每週繳一次房租的固定開銷，大部分的租金都會包含水、電、瓦斯、網路等費用。就算沒有，自己也會盡量挑費用全包的房子租，省著與房東還有其他房客斤斤計較。

由於是住在郊區小鎮，所以房租相較於市區，會便宜一些。以自己要求每個月澳幣1000元的預算來看（每週澳幣250元×4週），一個人每週澳幣125元的房租，1個月下來就是500元，等於占了預算的一半（澳幣125元×4週），折合台幣大約10000元，似乎跟台北單人套房1個月的租金差不多。

② 行的部分

先前的篇幅有提到墨爾本大眾運輸與自駕的費用比較（P.86），以及分析我在賣車後與理論上的差異值。探討現實與理想中的結論：只要車本身狀況良好，沒什麼大毛病，自駕成本終究比搭大眾運輸還低。

但是以上僅代表本人在墨爾本的立場！每個州的大眾運輸計價方式都不太相同，據我目前所知，墨爾本的大眾運輸CP值最高！以2020年來看，墨爾本市區電纜車免錢，平日搭車上限澳幣9元、假日澳幣6.5元，是澳洲每日上限票價最低的大眾運輸系統。

每個州不僅大眾運輸計費方式不同，連買車過戶的文件要求也不盡相同，導致各州的二手車價也有相當的落差。像我待的維多利亞州，就規定賣車過戶必須要有RWC（Roadworthiness Certificate）才行，然後再將過戶單據與RWC證明一起拿到監理所方可過戶，因此維州的二手車價格，比西澳跟南澳還要貴上許多，就是因為除了車子本身的價格外，還要轉嫁RWC的費用到買家身上。

扯遠了，自己平時自駕，大部分的時間都只用在上下班跟採買，通常2～3週加一次澳幣25元的油，就能開2週以上。

③ 樂的部分

　　外出娛樂的花費有電影、門票、入場費、爬雪梨大橋等費用，還有像是買SWITCH、紀念幣等自我娛樂與自我滿足的無用支出也算在內。

　　門票或入場費用大多落在澳幣20～50元就能搞定，通常KKday跟Klook都還會有額外優惠。另外極限運動、飛機環景等戶外活動的價格落在澳幣100～500元都有，像當初去爬橋，就付了澳幣280元，大洋路1天也花了澳幣100元。由於各項活動的價格區間與浮動此起彼落，很難一概而論確切的花費。

　　至於自娛的部分，像是任天堂SWITCH，一組主機加兩款遊戲及其他周邊，整組大概520元左右，退完稅後折合台幣大概9000元。

　　另外，我有蒐集銀幣與紀念幣的興趣，所以買了一組台灣已經絕版的皇家鑄幣廠限量紀念幣「9大行星紀念幣」，花費澳幣200元。

　　樂的開銷多寡主要還是看個人，如果愛往外跑，除了門票等基本費用外，可能參與活動要額外收費，外食又是另一筆開銷，所以對我們這種愛宅在家的來說：雖然外出娛樂的次數少，但每次出去的花費都很大。

　　收藏也是很看個人喜好，有朋友喜歡蒐集明信片跟郵票，像這種的蒐集門檻就低很多，可以一直砸錢買；反觀我只能挑自己很喜歡，覺得很有收藏價值的紀念幣下手。

　　所以樂的部分，其實是自己最能控制開銷的部分，畢竟是「想要」而不是「必要」，因此在樂的花費上可有可無。端看個人經不經得起誘惑，把錢存下來又或者「把錢變成自己喜歡的模樣」。

④ 其他雜支

　　只要生活用品上的支出，還有因為「意外」所產生的花費，我都當作雜

費處理。像是最早為了找工作,去影印履歷的花費、生活用品等,都是雜費的一環。主要像是牙膏、牙刷、濾水器、衛生紙等生活汰換品,除非急需,不然等超市打對折在買,價錢就跟台灣差不多,甚至比台灣低。

雜項是所有項目中花費最少的,沒什麼重點好討論,大概就這樣。

 ## 補充「育」的部分

關於生活花費的大項目中,沒有提到「育」的部分,並非我漏提,而是我與女友在澳洲沒有任何教育相關的支出,所以就索性不講,怕誤導大家。

最早落地之初,是有想過為了工作去報個酒精、咖啡、叉車的課程考證照,最後上網查詢後,發現很多背包客評價說:「老闆要的是即戰力,光有證照,沒有實戰經驗,除非你運氣好,不然很多地方是不要新人的。」所以說有工作經驗,再配上證照幫自己加分,才可能有望拿到工作機會及較高的薪水。但更多時候,證照是沒有用的,除非業主願意給新人機會。

 ## 澳洲的生活支出結語

生活花費支出的部分,用幾個章節與大家分享自己在食、衣、住、行、育、樂與其他的花費概況。支出篇剩下的章節,將分享一些節省開銷的小訣竅,以及購物時該注意的詐騙陷阱。

不論是背包客還是觀光客，都必須知道的澳洲購物指南

本以為自己的文章，搭配網路上其他老包過來人的分享，應該夠解決朋友們的疑惑。現在發現自己有分享如何在澳洲斤斤計較花費的部分，但沒有一篇文章特別說明該如何掌握節省花費的「節奏」。

尤其是初期沒有穩定工作的落地新包，在現金流為負的情況下，該如何控制生活花費，避免提前出局的窘境是至關重要；其次是工作穩定了，想要開始購買一些衣物、鞋子、電子產品或其他奢侈品時，雖然知道澳洲有購物季這回事，但卻不確定大致時間點。

簡單來說，只需要掌握以下兩個購物節奏，就可以替自己的荷包省下許多花費。

❶ 日常生活花費：週週對折的生活用品。
❷ 非生活花費（衣物、3C用品等）：折扣力度大的購物季。

兩大超市的週週對折品

說到生活必需品及食材的採購，通常只要不是在過於偏鄉小鎮的地方，都能看到澳洲兩大超市龍頭Coles與Woolworths設點服務，有點類似台灣常見的家樂福、大潤發等量販店的經營模式。上述兩家是屬於同業競爭關係，因此在許多活動或優惠上，都有相似的商業手法。兩者的關係以台灣的角度來說，類似於超商的7-11與全家，誰推出的行銷活動、

商品引起話題，另一方不久後就會跟上，雖然商業手法、行銷模式、商品內容多少有些差異，但整體上都是賣「方便」為主。

其中最廣為人知的，莫過於Coles與Woolworths都有週週對折品的優惠活動，基本上這樣的折扣力道，除了即期品跟特殊情形的促銷外，在台灣是屬罕見作法。對折的東西千百種，光是食物的糖果零食、微波與冷凍食品、冰品、狗糧、吐司、泡麵、茶包、咖啡豆、飲料、水等說不完，何況還有各式盥洗用品、清潔用品、禮品卡、預付卡等。

關於基本的生活用品，只要平時有在注意用量的話，只需要在快用完時注意對折優惠，並在對折時採買；食物的部分除了最基本的三餐外，飯後甜點與嘴饞小物等，就等到對折或打折幅度大時囤貨即可。

要怎麼知道有沒有自己需要的生活用品在特價呢？澳洲時間每週一下午5點～6點（並非每週都準時更新，因此抓區間），會發布下一檔期的對折品，以及折扣幅度大的商品型錄。

何時才能買到週一發布的下一檔期優惠商品呢？每週三早上就能買到，只是根據本人有時為了搶熱門對折品的經驗來看，週三開市時，會有店員來不及換標的情形，因此商品價格要再三拿型錄跟店員確認，或是結帳時請櫃台或工作人員修改為當週最新價格。

既然會有來不及換標的狀況，表示上週的打折商品也會有還沒更新價標的漏網之魚，因此在結帳時，也要注意折扣是否有效，否則會跟我一樣結帳後對明細，才發現買到原價，事後還得帶著商品跟收據多跑一趟服務櫃台辦理退貨，也是挺麻煩跟浪費時間的事。

另外，當週若有許多想買的對折品，剛好搭配到不錯的會員集點活動，精明省的同時，還能迅速累積購物金的折抵門檻，說是賺爛了也不為過。

 ② **每年兩次的購物季**

關於購物季折扣幅度，打折的品項通常就是平時Outlet常見的款式再加

上其他品項，有些品牌的打折力道甚至會達到Outlet等級，本身就是Outlet的商品通常會配合購物季，再享有額外的折扣優惠。從服飾、運動用品、珠寶、化妝品到3C用品等，在購物季都會根據品牌有不同的折扣程度。

本章節提到的Outlet服飾，是指像NIKE、adidas、Superdry等品牌，而非Target、Kmart、Big W、Coles、Woolworths等量販店或超市的白牌或雜牌服飾，化妝品、珠寶、3C用品也都是同理。

第一波的購物季從一年一度的年「中」促銷（Mid-Year Sale）開始

從11月下旬黑五購物節（Black Friday）前一週開始打響購物季的篇章，一系列購物節接踵而至。

先是11月底的黑五購物節（Black Friday），然後接續12月初的網絡星期一（Cyber Monday），接力的是12月26日的節禮日（Boxing Day）跟跨年週，整個購物季會一波接一波，直到1月多才宣告結束，維持將近2個月的時間。

第二波則是6月的年終購物季（End of Year Sale）

通常會配合女王節（Queen's Birthday, 6月14日）為主軸，進行整個月分的促銷（補充說明：英國女王雖已過世，但商家仍會以年「終」特賣當作行銷熱點）。

澳洲的會計年度不像我們一般認知的是走當年度1到12月，而是從當年7月到隔年6月，因此才有年「中」與年「終」與台灣相反的情形。就像每年澳洲的綜所稅申報，都是從前1年的7月算到當年6月，然後當年度的7月到10月是報稅季。

雖然節日是分段進行，但打折幅度通常都是直接一波到底。像是A品牌如果從黑五開始打折，通常會直接打折到1月多，不會一下子中斷、一下子又發起（6月購物季也是同理，會持續到月底為止），過程中會隨著節日變化改變活動主題跟部分折扣品項。

而且本質上不論打折幅度多少，基本上購物季第一波的折扣是多少，後面幾乎不會再進行調整（例如，B品牌黑五打7折，後續到1月跨年週結束，基本上都是7折到底，很少會再異動）。

由於每年各品牌折扣力道都不同，部分節日的時間點每年也會微幅變動，因此我就不再詳細說明。但可以根據上述概念，在購物季時間快到時持續關注自己有興趣的品牌或商品。

隨著網購逐漸普及，網購詐騙也越來越多，詐騙手法也是推陳出新、層出不窮！因此買到失心瘋之餘，也要隨時注意自己網購清單，以免詐騙集團得逞。

3 用精打細算的方式體驗澳式生活

不論是以存錢為首要目標的背包客，還是來旅遊但手頭不是很寬裕的觀光客，透過掌握上述兩種方式購物，在CP值最高的時候下手購物，讓錢可以真正的花在刀口上。

如果是以存錢為重的背包客，上述的生活購物方式可以多少學起來，只要懂得在對的時機出手，就能比對價格沒有敏感度的背包客多省很多錢。平時把購物慾累積起來，不是不能滿足，而是等到對的時機再買到「剁手手」，不僅要把錢變成喜歡的樣子，數量還要變得越多越好！

不論賺多賺少，都是辛苦錢！

我也是掌握「週週對折的日常用品」，以及「折扣力度大的購物季狂潮」兩個時間節奏，彈性調整自己的購物方式，最終達到：每週「至少」賺澳幣750元、生活花費壓在澳幣250元、存澳幣500元的財務目標。

善用澳洲兩大龍頭超市會員集點活動，讓你精明省、聰明花

回台灣後，跟許多親朋友好分享，自己認為澳洲的物價與生活花費比台灣便宜，但沒有人相信這件事。這可以分成兩部分來看。

▨ 物價跟台灣差不多，但澳洲薪資水準較高，顯得物價相對台灣便宜。
▨ 如果懂得在「對」的時間消費，就可以省下衝動消費所帶來的花費。

澳洲兩大龍頭超市Coles、Woolworths就是將上述兩大項因素集大成的最大功臣，也讓我們這種在台灣就習慣精打細算的「小氣鬼」，來到澳洲後更加的肆無忌憚。

兩大超市每週都有對折品優惠（並非即期品），因此除了購買最低維持生活所需的必需品外，想買什麼東西，都會等到商品對折再購買。不僅是食物，連電動牙刷、清潔用品等，都在對折品的行列當中。

所以只要忍下自己的購物慾，等到對折時再買起來囤，同樣商品，跟想到就買的衝動消費相比，不論購買量或消費金額，就差了1倍。

說那麼多，除了週週對折品的促銷之外，還有沒有其他可以精明省，或是聰明花的方法呢？

還真的有！就是加入兩大龍頭超市的會員，利用會員累積集點的方式，達到一定門檻後，就能兌換購物金、各式商品、服務或折扣優惠。

這篇文章，就來教大家自己在澳洲聰明花、精明省的小撇步：善用Coles及Woolworths的專屬會員集點活動。

會員集點

在澳洲生活幾乎離不開Coles 和 Woolworths，以我跟周遭的同事、當地人為例，每逢週末都是大家去兩大超市採購的日子，因此常在購物時遇到同事，搞得好像人還在農場上班一樣。所以，在如此頻繁採購生活用品的情形下，如何活用兩大龍頭超市的會員集點精打細算，就變成一門學問。

其中集點的目標就以Coles、Woolworths會員集點主打的2000點兌換澳幣10元購物金開始探討。

雖然兩者為不同的集點系統，合作的商家也有所差異，但是背後的邏輯差不多，而且兩家兌換的品項都很豐富，一時半會說不完，這邊私心以Coles背後的會員系統Flybuys為主（Woolworths使用的Woolworths Rewards，現在已改名為Everyday Rewards）。

看到這你可能會直觀的想：每消費澳幣1元集1點，這樣等於要花澳幣2000元才能換到澳幣10元，這0.5%報酬率的回饋，吸引力未免也太低了吧？

所以除了傻傻的集點外，一定不能錯過加入會員後，不時會有會員專屬的集點活動寄到信箱，寄送週期約為1週寄一到兩次。根據任務的不同，會有不同的點數獎勵，集點的速度會有「超大幅」提升。以我自己曾收到CP值超高的專屬會員集點活動為例。

Collect 3,000 BONUS POINTS when you spend $50 in one shop at Coles!

Offer valid in store or online for orders placed and delivered or collected between Wed 18 Nov and Fri 20 Nov 2020. （大意：在2020年

11/18 ～ 11/20 的活動期間，在 Coles 網購或實體單次消費滿 50 元以上，可獲得 3000 點獎勵點數。）

在沒有集點活動的情況下，澳幣 50 元只能換到 50 點，但透過集點活動，等於在消費澳幣 50 元後，可以獲得 50 點加上 3000 點獎勵點數，等於馬上達到澳幣 10 元的購物金門檻，而且購物金沒有低消限制（相對的也不能兌現與找零），超划算的！重點是，集點活動並不會將購買打折品的消費金額排除在外，因此如果剛好當週的對折品很好買，達到澳幣 50 元的消費門檻可說是輕而易舉。

看到這裡，是不是覺得澳洲的集點回饋根本是佛心來著？限制少，還給得大方。

有時遇到不好集點的挑戰，像是每週消費澳幣 50 元連續 4 週，達成任務給 10000 點等，這時就配合每週的對折品型錄，評估當週消費金額能不能達標，無法達標就跟沒會員的朋友揪團購物湊金額，或是跟有會員的朋友互相幫忙（這次幫我，下次幫你），事後再請朋友吃點心什麼的，既能省錢又能結交人脈，何樂不為呢？

10000 點等於澳幣 50 元購物金，與其硬要湊到集點任務門檻，不如先跟沒卡的朋友一起結帳，事後再回家算錢來的划算。

舉例來說，每週只花澳幣 30 元，但是為了湊每週澳幣 50 元的集點門檻，卻硬要多花澳幣 20 元，4 週下來等於多花澳幣 80 元，跟活動回饋下來的澳幣 50 元相比，還是虧了澳幣 30 元。

但是如果 4 週有 2 週達不到門檻，請朋友跟自己結帳，事後請他們吃個澳幣 10 元的零食餅乾也挺划算的，自己活動結算後還賺澳幣 40 元。

與其為了硬湊門檻，多花的錢可能就比省下的錢還多，不如跟朋友一起合作，給沒會員吃紅利的朋友一點甜頭，省錢之餘還能結交人脈，一兼二顧不亦樂乎。

② 借力使力集點，精明省、聰明花！

　　Coles 與 Woolworths 是兩種截然不同的會員系統，除了各自有不同的合作企業可以消費集點外，點數能換得的東西也很多元，像是吸塵器、手錶、烤箱、餐具組、電影票、SPA 按摩、住宿折扣、紅酒、捐助慈善機構等。

　　以澳幣 10 元購物金來說，只須線上申請兌換後，去實體店面消費掃會員條碼即可使用。想當初為了跟朋友炫耀我是點數大戶，特地集到 10000 點後，換一張實體的澳幣 50 元禮品卡到大家面前炫富（小氣鬼的炫耀方式）。

　　此時，有會員跟沒會員的人，就會形成兩種認知：不知情的人以為我在 Coles 以及相關合作的企業中共花了至少澳幣 10000 元，才換得 10000 點；實情卻是透過集點活動，一會功夫就集到 10000 點，過程中可能還花不到澳幣 2000 元。

　　看完本篇文章，倘若有開啟你對 Flybuys 及 Everyday Rewards 的興趣，並想了解更多關於會員集點及相關獎勵的資訊，可以上他們的官網研究。

　　先前文章有提到，自己每個月的花費大約落在台幣 25000 元左右，相當於台北 1 個月的生活花費。有些在台北生活的朋友表示，台北的開銷可能還要更高！所以澳洲生活花費高嗎？取決於自己想怎麼過吧！

澳洲網購常見的詐騙騙術：
假借包裹郵寄簡訊之名，行
詐騙金融資訊之實

詐騙何其多，澳洲詐騙方式也是百百種。最常見的一種，莫過於利用包裹宅配狀態通知，來詐騙金融資訊的簡訊。

2019年11月13日，我的手機忽然收到一封包裹運送狀態的簡訊，平時勤儉持家、不亂購物的我，印象中最近一次網購的時間是發生在1年前的11月下旬，因此第一時間就有所警惕。

不排除有人網購，但手機號碼填錯，所以才有通知誤傳至我手機的可能，但有了之前澳洲工作仲介的詐騙經驗，看到簡訊的當下，我的第一反應就是直接把簡訊內容貼到Google搜尋。

Your parcel:
6903828031404680
will not ship from the
distribution center,
due to outstanding
shipping costs.
Track your package:
http://v8g.us/H5Fn8
1 13:29

僅供參考，網址不要亂按亂用啊！

搜尋第一頁第一個選項，就是澳洲郵政發布的詐騙警告案例。郵局官網早在10月就發布此類的詐騙警報。

當你點擊簡訊提供的網址後，會來到網站風格跟郵局官網很像的釣魚網站，並且點擊追蹤包裹後（Track Your Package），它會跟受騙者要求收取澳幣1元的運輸費用，而只要你給了它自己的銀行訊息，它就可

以挪用你帳戶裡的錢。

最後，澳洲郵政聲明：「澳大利亞郵政永遠不會通過電子郵件或短信要求您單擊『要求您提供任何個人或財務信息』的鏈接，包括任何形式的ID、密碼、信用卡詳細信息和帳戶信息。」

❶ 多一份提防，少一份受害

每年的11月下旬開始，是澳洲一年一度的年「中」促銷（Mid-Year Sale）購物季，一系列的購物節接踵而至，從11月底的黑五購物節（Black Friday）、12月初的網絡星期一（Cyber Monday）還有12月26日的節禮日（Boxing Day）跟跨年週，整個促銷活動會一波接著一波，直到1月多才結束。尤其是網購盛行的現在，如果買太多東西，訂單狀態通知一直來，搞不清楚自己購物情況的人，可能一個不知情就把自己資訊賣了都不知道！

有些詐騙，會利用人性貪小便宜的心理弱點，釣受騙者上鉤，輕則損失錢財，重則身分被盜用，造成不可挽回的誤會才是得不償失。

困惑的時候，別急著照訊息內容的指示去做，先去求證該訊息的真實性，以及內容是否屬實。Google一下，或是問一下周圍的朋友，就能避免掉入詐騙陷阱。

除了簡訊，類似的詐騙手法可能還會透過其他型態出現在你我面前，像是信箱、釣魚網站、社交工程等。希望大家在享受購物季，以及網購帶來方便的同時，也能對詐騙訊息多一份謹慎。

回台後的體悟

AWARENESS AFTER LEAVING AUSTRALIA

換個環境重新開始，是新生活的展開，還是舊習慣的延續？

先前在服役時，曾閱讀過《為什麼我們這樣生活，那樣工作？》，內容圍繞著一個主軸：「習慣」。整本書最重要的一句話，也正是整本書的文眼：「**我們的一生，不過是無數習慣的總和。**」

習慣就像舒適圈，待久了就不想動了；一個習慣的養成，就像是跨出舒適圈的過程，一旦穩定形成新的舒適圈後，要改就很難了。來到澳洲，最深刻的一項心得就是透過打工度假的過程，能看盡一個人本性善惡、習慣好壞，以及最真實自我的時刻。因為一個人在澳洲的所作所為，基本上跟在台灣也差不多，都是過去養成的本性、習性與習慣，只是換個地方再次呈現罷了。

唯一的差別是，在澳洲沒有人認識你，語言更是不通，本性會更加嶄露無遺，好會更好，壞的則會更加肆無忌憚。

1 生活型態的習慣

台灣跟澳洲的生活型態有許多不同之處，像是主食的差異，我們吃米飯，西方人吃麵包；澳洲人就如同許多歐美人一樣，幾天才洗一次澡，平時不洗澡，而是噴香水掩蓋味道，他們也沒有盥洗後才就寢的習慣，都是早上出門前洗澡，因此床對他們來說是很髒的地方。

我幾乎沒看過哪個台灣來的背包客，會因為來到澳洲而改變洗澡的習

慣。就像我的房東是一位當地的老奶奶，她剛開始也無法理解為什麼我們每天洗一次澡，我們因此起了爭執，最後達成每天洗澡限時5分鐘的協議。

有些人可能會認為，到了澳洲就應該要入境隨俗，融入當地生活，但更多的情形反而是生活習慣、文化相似的人，會聚集在特定的小圈圈範圍內活動。以墨爾本來說，東南區就是俗稱的亞洲區，依照語種還能再細分成越南區、印度區、華人區、中東區等。像是Box Hill是墨爾本最多華人居住的地區之一，不僅華語當道，也是著名的黑工大本營。

來到了有家鄉味的地方，就彷彿來到國外的「舒適圈」。來到此處，少了國外的感覺，舒適圈裡頭的人事物、方言、食物與文化，都是自己在家鄉時就再熟悉不過的。範圍延伸的再大一點，其實世界各地都有所謂的亞洲區、華人區（唐人街）、印度區等，因此這種同族間的群聚效應，也不僅發生在背包客或留學生身上。

這些從自己的家鄉來到國外尋找的家鄉味，美其名叫做換個地方重新開始，其實只是換個環境延續舊的生活習慣。

在新地點延續舊習慣

自己在台灣時，週末最喜歡宅在家中度過，即便到了國土面積有台灣212倍大的澳洲，在平日飽受採果的勞力活摧殘後，假日只想廢在家，讓四肢好好休息。但有些人喜歡探索新鮮事物，閒暇之餘喜歡揪人到各個觀光景點踏青走走，對他們來說，所謂的週休二日就該這樣度過，短暫的留澳時光，更加深他們把握時間到處看看的念頭。就跟談戀愛一樣，蘿蔔青菜，各有所好。

愛社交的人，到了澳洲還是喜歡到處交朋友；習慣以米飯為主食的人，到澳洲後仍是1天不吃飯，就感覺渾身不對勁；有些人在台灣無惡不作，到了澳洲，周圍不僅都是陌生人，語言更是不通，於是更加膽大妄為。

澳洲的網路跟新聞，不時都會看到所謂的慣老闆、惡老闆，很多都是亞

洲人或是華人，他們不檢討自己低於法定規定的薪資水準，還處處剝削員工，不也都是從自己原生國家帶過去的觀念與習慣？說實在，不敢開這樣的低薪請澳洲人，就是理虧心虛的證明。

正是因為當地人很重視自己的勞動權益，這種黑心老闆也只敢壓榨同種人，也只能在同種人上得逞。網路上甚至還會看到有人對這種黑心老闆護航，只能說奴性夠重，本人深感同情。

 ## **③ 被放大的消費習慣**

許多背包客剛到澳洲，初期工作還沒有著落時，開支上通常會比較節省。當工作逐步上軌道後，就會回到原先台灣的消費模式。

生活周邊不乏許多「週光族」（澳洲大多採週薪制），才讓我意識到澳洲的薪資明明高出台灣許多，還是有許多同事說「存不到錢」、「存沒多少錢」的形況發生。一番交流後，發現他們都有個共同特徵是：原先在台灣每個月存沒多少錢，不然就是月光族，有些人甚至連澳洲的簽證和旅費都是先找家人或朋友借，直到澳洲工作穩定後再將錢還給他們。

澳洲的高所得並沒讓他們把錢存下來，反而因為原先在台灣養成賺多少花多少的習慣，加上「回台灣要不是買不到，要不就是買不起」的心態，而導致更多的衝動性消費，趁著打工期間，在澳洲一次購足。如果要用一句話說明這些人的信仰教條，那就是：錢沒有不見，它只是變成你喜歡的樣子。

從台灣的薪資水準看澳洲的物價水準，會覺得澳洲東西貴；反觀從澳洲的薪資水準看當地的物價，會覺得東西比台灣還便宜，貴的只有高檔餐廳跟看醫生等費用。許多事業有成的歌手、藝人及運動員，即便1年的薪資等於我一輩子的收入，不懂的節流及理財，終舊會落得破產的下場。

存款數字本來就跟賺錢多少無關，而是跟支出多少有關。

4 我們的一生，不過是無數習慣的總和

會意識到「習慣」難以改變，也是從自身及周遭人事物的觀察中，發現：「換到新環境，並不會讓一個人的習慣改變太多。」

這篇文章只是分享起初到澳洲時，發現的幾個顯眼例子。隨著這趟澳洲打工之旅落幕，也讓我開始反思：**換個環境重新開始，究竟是新生活的展開，還是「舊」習慣的延續？**

即便自己在澳洲初期沒工作時縮衣節食，從1年7個月的澳洲打工之旅來看，也僅占了人生短短的篇幅而已。工作穩定後，還是照著跟台灣差不多的模式在消費和生活。有的人衛生習慣不好，到了澳洲還是亂丟垃圾；有的人生活習慣不好，到了澳洲還是造成室友的困擾；愛比較的人，到了澳洲還是愛跟人比較；愛計較的人，到了澳洲還是愛跟別人計較；悲觀消極的人，到了澳洲還是那副模樣。唯一差別在於，這個人花了多久的時間才開始嶄露原先在台灣的本性。

牛牽到北京還是牛，江山易改，本性難移。就像我本身有記帳、月結、控制預算的習慣，到澳洲就只是台幣與澳幣的差別；本身假日就懶得出門，因此當自己所居住的小鎮附近，景點都被我們踩完後，我就又變回足不出戶的阿宅。

每段人生經歷的過往，塑造出現在形形色色的人，會有怎樣的習慣，二十餘年的歲月，早已將習性定型，除非人生遭遇重大轉折，否則難有大幅度的改變。

過去的經歷與背景，造就現在的習慣，而現在的習慣，已經可窺見部分未來的人生縮影。因此總結來說，就像本文開頭所提到的：「**我們的一生，不過是無數習慣的總和。**」

習慣好壞是可以養成的，因此只要有心，習慣也可以再次改變。**習慣的好壞，都會影響、伴隨我們的一生，令人不得不謹慎看待所謂的「習以為常」。**

澳洲打工存不存得到錢？取決於你來澳洲的目的，以及個人的消費習慣而定

對很多沒來過澳洲的人而言，對澳洲的第一印象可能是高所得與高物價水準，所以即便遠渡澳洲打工，存到的錢跟台灣應該差不多。但是當你詢問一個已經離澳的老包：「澳洲打工到底存不存得到錢？」，通常只會得到兩極的答案：「存得到」與「存沒多少」。

追根究柢，存不存到錢跟賺多少錢無關，畢竟澳洲本身就是個高所得的國家。難不成是因為物價高？也不全然是，所謂的物價水準高是從台灣人的角度看服務業、水電工、門票、看醫生等支出。事實上，許多商品本身的價格其實比台灣還低。撇除宏觀因素，存不存得到錢的重點，其實都跟微觀因素的背包客自己有關。

「打工」「度假」的目的

每位背包客來澳洲的目的不盡相同，對於著重在以「打工」賺錢為首要目標的背包客來說，生活上的花費能省就省，能多掙一份錢、就多掙一份錢，連假日都要把打工行程給塞滿。

對於著重在以「度假」享受澳式生活的人來說，這趟澳洲之旅的重點在於開闊自己的眼界，體驗台灣之外的活法。對他們來說，賺錢只是其次，

度假旅遊才是目的，打工只是為了賺點盤纏，本來就沒打算留多少錢回台灣。

　　當然也有像我們這種既要「打工」又要「度假」的背包客（小孩子才做選擇，我全都要！），為了要達到在澳洲度假之餘，還得要存得到錢的雙重目標，代價就是「開源」「節流」雙管齊下，一方面提高薪資收入，花費的部分更要精打細算。

　　因此存不存得到錢，其實只是個「假議題」，因為錢只要「有心存」就一定存得到，只是存多存少罷了。所以根據打工度假的目的不同，首要考量的問題點應該是「有沒有打算帶錢回來？」才是一個正確的提問。

　　當確定有要存錢後，再來探討該如何開源節流，才有意義。根據我在台灣與澳洲的觀察發現，存不存得到錢，雖然跟收入有關，但是與消費習慣（金錢觀）關聯性更大。尤其是跟在台灣早已養成的消費習慣，有顯著的正相關。

② 及時行樂的月光族

　　不論身處台灣或是在澳洲，周遭的朋友對於金錢觀不外乎就是兩種，要不是賺多少花多少的「月光族」，不然就是省吃儉用的「鐵公雞」。

　　在農場打工也不例外，身旁不乏許多「週光族」，他們的共同特徵就是：原先他們在台灣通常也是月光族。有些人甚至連澳洲的簽證和旅費都是先跟親朋好友借，到澳洲有穩定工作後才還錢。

　　在台灣為什麼存不到錢？

　　「工作苦，錢又賺得少，幹嘛還要跟自己的生活過不去？」

　　在澳洲為什麼存不到錢？

　　「要趁著時間有限，體驗澳式生活。」

　　不論是哪種說法，套句近年來的消費顯學，以及這些人的信仰教條：「錢沒有不見，它只是變成你喜歡的樣子。」簡言之，這群人就是把在台灣養成的花費習慣移植到澳洲而已，然後換個說法掩飾自己的消費行為。

因為他們已經養成賺多少花多少的習慣，所以澳洲的高收入並沒讓他們存下錢，加上「回台灣就買不到或買不起」的心態作祟，導致他們有更多的衝動性消費及心態：「趁著打工時間，在澳洲一次買足。」

在台灣，薪水不論是22K、44K還是88K，不同的薪資級距，都有各自的生活方式與存錢方式，同樣的邏輯到澳洲也是一樣，只是台幣與澳幣的差別罷了。

存錢多寡跟賺錢多少無關，跟「用錢的方式」才有明顯正相關。將台灣養成的消費習慣帶到澳洲，並不會因為薪資高而好存錢，反而容易因為手頭更加寬裕，結果把原先的胃口養得更大。

③ 存錢千日，用在一時

蔡康永在他的書《蔡康永的說話之道》曾寫到：「**十五歲覺得游泳難，放棄游泳，到十八歲時遇到一個你喜歡的人約你去游泳，你只好說『我不會耶』；十八歲覺得英文難，放棄英文，二十八歲出現一個很棒但要會英文的工作，你只好說『我不會耶』。**」人生前期越嫌麻煩，越懶得學，後來就越可能錯過讓你動心的人和事，或錯過新風景。

錢也是一樣，平時不存錢，不做好理財知識的建立，2020年一堆人進股市衝浪時，才知道「錢到用時方恨少」的感受。有些人甚至被貪婪蒙蔽眼睛，只想著賺快錢，在沒有正確的理財知識下，放大槓桿壓身家，忽略無知背後所隱含的風險，這行為跟衝動消費沒什麼兩樣。

由於本身在台灣就有在理財的緣故，連澳洲的旅費都是自己在替代役時期努力省下來的。因此到了澳洲就直接把台灣的那套觀念直接複製過來，差異只是從台幣變成澳幣而已。

因為對澳洲的法定薪資有初步了解，也有記帳的習慣，所以能訂出一個明確且實際可執行的存款目標：每週「至少」賺澳幣750元、存澳幣500元，其中每週生活花費要壓在澳幣250元內，並依照收入抓預算、控制花費，根據農場淡旺季去彈性調整支出。

這樣控制預算的方式沒有問題，只是當時的我被帳面上的數字蒙蔽雙眼，眼中只有存錢，卻忽略澳洲還有許多新奇的事物等著我去探索與體驗。只能說當時的我是錢的奴隸，為了存摺上的數字，虛度澳洲有限的光陰，直到離澳那一刻，才醒悟到還有許多事還沒做，徒留許多遺憾。

透過這段異國他鄉的打工度假之旅，我意識到：「不論是過度的追求物質，或是過度的精打細算，都不該在某一方過於極端。就跟工作與生活要平衡一樣，在花錢與省錢上也要取得一個平衡。」

 ## 4 「適時」的及時行樂

還記得友人曾經跟我分享過他及時行樂的消費哲學：「二十歲那年買得起十歲買不起的玩具，也買不回童年時就擁有玩具的單純快樂，這樣有什麼意義呢？就像是五十歲買了台重機，卻沒了年輕時的體力，有些事物是老了以後就無法盡情享受，因此在能力許可下，趁著年輕時就先體驗享受。」

就像打工度假的年齡就是一個鐵門檻，年紀過了一輩子就再也沒機會。選擇當個「適時」的月光族，就是因為有些事情，錯過了就再也來不及，只會徒留後悔與唏噓。老了才擁有年輕時想要的東西，並不會有年輕時的快樂，就跟二十歲那年買得起十歲買不起的玩具一樣。

比起「工作已經夠辛苦了，生活幹嘛還要跟自己過不去？」的消費習性，我更能認同友人這種懂得「適時及時行樂」的消費法則。自己會意識到及時行樂的重要性，也是在離開澳洲之後，才發現自己把「吝於花錢」的習慣帶到澳洲，為了存錢反而放棄到澳洲各地看看的初衷。能當天來回就不外宿、能開車就不搭車、能省則省、能不花就不花，計較到最後，演變成把小鎮附近的景點探索完，就失去向外拓展的勇氣與動力，只因為花費都在預算外。

但是帳不是這樣算的，人生就那麼一次澳洲打工度假的機會，時候到了就得走，往後的人生跟澳洲可說是徹底絕緣，即便有幸再次踏上澳洲這片土地，也可能是來「旅遊觀光」，而不是來「體驗生活」。所以，錢是存到了，但是澳洲的幅員之大，我連窺見一隅處都稱不上。這邊就以過來人的經驗分

享：「既然都落地了，就要『適時』地把握有限的時間『及時行樂』，畢竟人生很短、青春有限、留澳時間不等人！」

不要像我等到離境的那一刻，才意識到自己對澳洲還意猶未盡，後悔沒有在澳洲認真玩過。沒那個澳洲時間，就不要拿自己的澳洲時間開玩笑！

⑤ 不做錢的奴隸

及時行樂被許多老一輩認為是年輕人不為自己未來著想、逃避現實的負面標籤，那是因為當時的他們選擇不多，反觀現在的台灣，物資沒有當時匱乏，自然無從體驗那樣的生活。反觀來看，許多長輩存一輩子錢，當個精打細算的鐵公雞似乎也沒比較好，反而卻為了錢放棄人生的許多樂趣。

「適時及時行樂」可解決存錢與花錢之間的平衡困境。該花的時候花，就像留澳的時間有限，適時的及時行樂是因為「回台灣要不是買不到，要不就是買不起」，或是解決像是「等老了再買，卻沒那個體力享受的感嘆」，不需要花的時候，再存起來做理財規劃。

當初在澳洲時，時常因為「預算外的花費」跟女友吵架，現在回想起來，覺得女友說得挺對的：「預算外的花費都只是小錢，又不是花下去後這個月就完全存不到錢的大支出。與其計較存款額每個月有沒有達標，重點應該是要活在當下，告訴自己『錯過了今年，就沒有明年了』，帶著不久後即將回台的心理準備，不要為了省錢而抱有遺憾。」

這樣的好處是不需要被每週編列的預算與控制花費鎖死，多了彈性調整的空間。事實也證明，離澳至今，我已經開始後悔為了存錢，放棄許多澳洲才有的體驗。多虧了這趟澳洲打工度假，也才意識到自己把錢看太重這回事，重新適應台灣社會時，我不時警惕自己不要被錢蒙蔽雙眼，人世間還是有許多事情是金錢無法衡量的。

有錢存，挺好的；能適時及時行樂，也沒什麼好批判的。一樣米養百種人，這只不過就是金錢觀、價值觀，以及每個人在乎的重點不同罷了。

打工度假對職場是加分還是減分？

隨著開放打工度假的國家越來越多，這問題至今仍是個大哉問，如果翻開網路上的許多心得文，也沒有一面倒的答案，只是社會主流的聲音還是以負面居多。對已經投身職場的社會人士而言，這卻是最大的包袱與焦慮點，畢竟出國打工去，就代表著與台灣職場的脫鉤，造成職涯斷層，難保打工回來後，要面臨資歷歸零、重爬官階，以及薪資倒退幾年的情形。

打工度假對職場是加分還是減分？這沒有絕對的答案，這邊單純分享自己在面試時，常被問到關於澳洲打工度假的幾個問題，以及自己的回應方式。接下來的內容，主要給兩種人作為參考。

❶ 猶豫是否要去打工度假的人：我在面試遇到的問題，或許也是你害怕遇到的問題，你可以選擇以終為始，帶著這些問題去打工度假，相信你在過程中會找到答案的。

❷ 已經打工度假回來的人：面試一直被挑戰、質疑打工度假的價值與意義時，或許你該好好沉澱下來，換個角度檢視自己當背包客的那段時光，將它重新裝飾到你的履歷跟自傳上，並在面試時好好陳述出來。

每段人生經歷都有它的意義存在，那些尚未被發現的光芒，若想讓別人看到，就必須自己先琢磨它。

關於自己的遭遇

　　不論是網上心得或是澳洲社團，不時都會看到老包回到台灣職場後適應不良的抱怨，以及面試時打工度假的經歷被否定的辛酸。

　　面試好幾間公司，只有一位面試官對我的澳洲打工經驗持負面態度，即便我如何說明，他就是那副「去澳洲浪費人生」的嘴臉（我才覺得跟你面試是在浪費我時間），帶著偏見的情況下，不想聽也聽不進去澳洲給我的視野與歷練（也不知道找我面試幹嘛，是專門請我去被打臉嗎？）。

　　這種人就不用浪費口舌，傷身傷神又傷喉嚨，與其改變他，不如趕快結束面試，找下一個伯樂。除了上述的極端案例外，其餘的面試官都對我澳洲打工的經歷表示贊同。

針對面試常遇到（被挑戰）的問題與回答，接下來將會一一闡述

- 是否排斥外派或海外出差？
- 打工度假無法提升你的專業能力，還讓自己的職涯晚起步，不覺得浪費時間嗎？
- 打工度假這麼久，英文應該進步很多吧？
- 我們公司要一個很會採番茄的人幹嘛？我們又不是種番茄的。
- 澳洲打工度假的最大收穫？

SECTION **01**

是否排斥外派或海外出差？

　　「不害怕外派，如果真有外派機會，對於公司給予的資源，我一定會格外珍惜。」這是我的一個超級殺手鐧，當我丟出這句話，通常面試官都會被我說得一愣一愣的。

　　怎麼說呢？因為去澳洲打工，從簽證、機票、保險、開戶頭、稅號、買車、找房到找工作，都要自己來；如果以公司的立場派我到國外去，我不需要煩惱生活的大小事，因為公司都會事先幫我打理好，我只需要飛過去就能直接上工。有了澳洲打工的這段經歷，對於公司外派給予的資源，我會覺得無比

幸福，也會格外珍惜。有公司當後盾，讓我無後顧之憂，更能專心在工作上。

會這樣說主要是因為很多主管對打工度假的印象，都以為是「台灣外勞的翻版」（台灣仲介跟當地仲介對接）來看待，澳洲打工只是變成台灣跟澳洲當地的仲介與企業對接，殊不知到了當地，其實什麼都得自己來。

因此我的回答，主要是為了扭轉他們對打工度假的刻板印象。

相信我，當你的面試官有點年紀，對打工度假有些偏見，身邊也都沒有打工度假過的同事，聽到你在澳洲是這樣過來的，都會有「我以為澳洲打工就是簽證辦好，人就直接飛過去工作了」這樣的吃驚反應。

有了上面的印象翻轉後，再將自己的經驗連結到公司的議題上，面試官自然就能接受。因此即便應徵的職務沒有提到外派，我也會刻意將話題繞到這議題上，讓他們翻轉對打工度假的印象跟看法。只能說這招攻無不克啊！還沒有一個面試官聽完不默默點頭認同的。

有些面試官會覺得去澳洲打工的人，都是逃避現實的爛草莓，所以將自己在澳洲所面臨的種種困難，透過外派的議題帶出來，除了能釣面試官胃口，也能翻轉面試官對於打工度假的刻板印象。

SECTION **02**

打工度假無法提升你的專業能力，還讓自己的職涯晚起步，不覺得浪費時間嗎？

這部分我有三種回答方式，視面試狀況而定。

第一種，承認自己在澳洲學不到專業能力，但看到不同面貌的生活方式，重點是在打工度假的過程中，「必須強調」學到了「軟實力」：例如，勇於面對挑戰（全英文生活）、勇於嘗試（掃街投履歷、買車、仲介）、抗壓性強（澳洲從零開始，回到外派的回答上），還有尊重文化的多樣性（各國背包客）。

面試官會針對回答，挑幾個重點詢問原因：怎麼樣的生活方式？為什麼勇於面對挑戰？怎樣代表抗壓性強？何謂尊重文化的多樣性？所以回答的設計上，就是針對自己回答得出來的名詞放進去，就不會有講空話的問題發生。

第二種，**打工或許無法累積我的專業能力，但我認真看待人生的每一個階段，在每個人生過程中培養自己的軟實力**，我認真的態度是大家有目共睹的，像是替代役擔任管理幹部（拿出自己的證書）、在澳洲採番茄採到當年度全公司第一名（拿出公司頒發的獎狀）、離開時甚至獲得主管的推薦信（主管用他的聲譽為我擔保）。

　　對新鮮人而言，與其說公司看中的是專業能力（新人沒經驗，沒專業度可言），倒不如說是在看新鮮人的人生態度及未來潛力吧？每一段我放進履歷的人生經歷，都有它存在的意義，沒有所謂的浪費時間。就像我去澳洲後，除了軟實力外，起碼知道自己不願意一輩子做勞力活。倘若我的人生經歷少了其中一段，或許我就沒機會坐在這裡面試，而是第一階段就被人資給刷掉。

　　如果是入社會有些年資的人，可能無法用上述的方法，如果改成：**每一段人生經驗都是當作職涯般認真經營，雖然在澳洲的這段期間沒累積到專業技能，但在打工的過程中磨練自己的軟實力**（列舉實例），接著再跳到外派的看法，會讓面試官覺得自己還是有在為未來著想（還有印象翻轉）。

　　不論如何回答，都要考慮到會被面試官問到細節的狀況，因為面試官對澳洲不熟，對你在澳洲面臨的種種事蹟沒概念，也沒有你在澳洲所獲得的人生體悟，因此要會透過換句話說、修飾等方式激起面試官的興趣，但不要浮誇，要據實回答，讓面試官對你有興趣，把話題帶到自己熟悉的澳洲經歷中。

　　第三種，則跟澳洲一點關係也沒有：經濟學中有個邊際效益遞減的理論，最常被大家舉的就是吃飯的例子，一碗八分飽、兩碗剛好、三碗有點撐、四碗會反胃。職涯也是一樣，短期來看或許我會少別人 1～2 年的歷練；放到長期來看，在同個領域中提升專業技能，終會面臨成長的極限值，因此同樣五十歲的兩個人，即便年輕時少了這 2 年的歷練，跟其他同行的專業能力也不會相差太多。

打工度假這麼久，英文應該進步很多吧？

　　這是親朋好友都會有的迷思，何況是面試官呢？有些職位要求英文能力較高，甚至要求必須曾經在英語系國家待過至少 1 年以上。自己多益 690 分，

不代表自己英文有中等水準，充其量只是比較會考試而已，即便去了澳洲，我也不認為自己的英文有變得多厲害。

澳洲是個多元種族的國家，光是自己待的番茄場，除了當地的澳洲主管，也有拿了PR的各國人種，以及來自越南、日本、馬來西亞、德國、法國、西班牙等國的背包客，大家英文能力與口音也都不盡相同，所以我不認為自己的英文能力有所提升，但是聽力因為工作環境，聽了許多口音後，比較不會去在意英文發音的問題，反倒是習慣成自然。

SECTION 04
我們公司要一個很會採番茄的人幹嘛？我們又不是種番茄的

根據每個背包客在澳洲打工經驗不同，面試官可能會有不同問題，像是在肉廠打工，問題可能就會變成：「我們單位要一個很會切肉的人幹嘛？」之類。

有些面試官會拿自己在澳洲的成就當笑話問，這時候要懂得舉一反三，而不是在現場尷尬或惱羞。遇到這類的問題，我都會回答：「別人採番茄都是靠一根脊椎跟健壯的四肢，但我靠的是一顆大腦去思考『如何將過去所學應用到工作中』，所以我就專注在許多細節上（如何運用工管與企管所學），甚至是將自己的採果心得寫成文章分享在網路上（秀出 Medium），最後獲得一年一度的殊榮（再次秀獎狀）。」

針對自己在澳洲的成就，有一套自己的心法（人格特質或是待人處世），不一定要跟工作有關，只要有點成就的事情，就把其中的軟實力拿出來說嘴（像是專研細節、耐心、善於溝通等）。

SECTION 05
澳洲打工度假的最大收穫？

在沒有朋友、家人的幫助下，竭盡自己所能，在陌生的國度中用破英文生活了1年多，考驗自己如何將知識學以致用。敘述自己在澳洲的兩個關鍵成就：販售找工地圖資訊，以及如何將過去所學充分應用到採番茄上。

與面試官見招拆招的重點

回答沒有定式，面試只要開始問到澳洲打工的經歷，首要議題就是改變面試官對打工度假的刻板印象，所以如果第一題問我：「澳洲打工的最大收穫是什麼？」我的起手式都要想辦法把外派的回答丟出來，然後接下來一段時間，整著面試走向都會在我的澳洲主場。

- 人生遇到最大的困難？澳洲從零開始……。
- 人生最有成就的事？在澳洲獨立生活……。
- 讀研究所對人生有幫助？我在澳洲賣資訊……。
- 澳洲帶給你什麼改變？澳洲從零開始、獲得的軟實力……。
- 怎麼認為自己適合這職位？我在澳洲某段經歷……。

澳洲打工度假是我人生中最近期的事，也是許多剛從澳洲回來的背包客完成的一段人生階段，將澳洲放在履歷表上的經歷欄第一條敘事，自然容易被放大檢視。所以如果能將面試官問題連結到澳洲，然後再將話題帶到過程中如何發揮自己過去所學，最後再串回這段經歷如何內化為自己的養分，以及跟應徵的職位有何共鳴，就能針對面試官的疑問見招拆招。

為自己的人生負責

很多面試官對打工度假的態度都是中立或負面居多，如果自己遇到上述問題卻說不出個所以然，自然會加深面試官對澳洲打工度假的刻板印象。

就跟有些面試官喜歡詢問新鮮人：「大學四年學到什麼？」答不上來的人自然會被貼上「讀大學浪費時間」或「學歷無用論」的說詞，碰壁久了，連自己都信了。究竟是人的問題？還是學校的問題？不是讀大學沒有用，而是「給這個人」讀大學沒用。打工度假也是同道理，不論這段經歷獲得的東西是否跟職場相關，總是有故事能說嘴（在澳洲從零開始，活著回到台灣就是一件很厲害的事），只是有沒有用心體會每一段經歷，不然就跟讀大學一樣，被社會質疑是浪費時間去打工度假，回台灣後，職涯中斷，只好清零開始。

所以打工度假浪費時間？是人的問題？還是打工度假本身有問題？不是打工度假沒用，而是去打工的人沒在替自己的人生著想跟負責。成年人了，多替自己想想也不是件什麼壞事。

3 自己面對打工度假的態度

　　回到最初的問題：「打工度假對職場是加分還是減分？」以我自己的經驗來看，一定是加分多於減分！前提是要讓別人覺得這段旅程不是毫無收穫前，須回歸到自己的心態上，回想當初為什麼去打工度假的初衷，以及重新梳理這段人生經歷，對自己有什麼實質影響，以及能賦予這段異國冒險什麼意義。

　　沒有人喜歡自己的人生被否定。如何化劣勢為優勢，取決於自己如何看待每一段人生經歷，如果連自己都覺得讀大學沒用、打工度假就是荒廢人生，憑什麼還要別人覺得你是塊待琢磨的璞玉呢？

　　常聽到有人打工度假是為了開眼界、認識這世界，回到台灣後卻還是遵循20年來的習慣，過著打工度假前的生活，看不出這段旅程為他帶來什麼本質上的改變。或許，該重新思考打工度假對自己人生的意義，它給我的人生帶來什麼轉折？對我的人生帶來什麼影響？自己是否需要做些改變才是？

　　送給大家一句影響我很深的人生觀：「生命是長期而持續地累積。」只有重視自己的每段人生經歷、對自己的每段人生賦予意義，才會知道怎麼去譜出自己的人生故事，才不會被別人看輕自己。

　　就像史蒂夫・賈伯斯（Steve Jobs）在2005年於史丹佛大學畢業典禮演講所說的：「你無法預先把點點滴滴串連起來，只有在未來回顧時，你才會明白那些點點滴滴是如何串在一起的。」

　　希望透過分享自己回台後面試的經驗，能對猶豫要不要去澳洲打工度假的人，或是已經回來的人，給予些許勇氣與幫助。

該不該去澳洲打工度假？破除三個台灣常見的職涯迷思

從澳洲回來後，每當與親友、同事聊起澳洲打工度假的經歷，才發現澳洲開放簽證以來，已有10多年的歷史，但大多數人對打工度假還是抱持許多迷思。

不僅是長輩從新聞媒體得到錯誤的資訊，就連對澳洲打工度假有嚮往的年輕人也是如此。許多人不敢跨出台灣最主要的擔憂，在於擔心打工度假會影響職涯發展。因此本文就來破除三個台灣人對澳洲打工度假常有的職涯迷思。

1 沒有人說去澳洲打工只能做一級產業

每當有人羨慕我去澳洲打工，我都回說：「想去就去啊！」通常得到拒絕的理由，第一名是「英文不好」，第二名是「害怕職涯中斷，所以不敢去澳洲」。

按照台灣社會的觀點，如果去外地工作都算是職涯中斷，怎麼幾乎聽不到去中國大陸、日本、歐美國家外派或打拚，就等於職涯中斷的說法？還是說被「打工」兩個字局限了視野與想像？

打個比方，兩位求職者同樣有著日本工作的經歷，做的都是相同的職位與工作，只是一個拿工作簽證，另一個拿打工度假簽證。假如你是面試官，會因為「簽證不同」而對兩個人有不同的評價嗎？是否會因為簽證種類不同，就不承認拿打工簽證者的工作經歷？

同樣是寫程式，人可以在台灣、新加坡或菲律賓，但如果說我在澳洲寫程式，只不過拿的是「打工度假」簽證，難道就不算是職涯的延伸與累積嗎？很多人對澳洲打工的第一印象，就是只能做一級產業，其實各大城市都有設計、程式、行銷、人資仲介等白領工作可以做，澳洲每年也從中國大陸進出口許多商品貨物，當中也需要懂中英雙語的進出口人才。

所以沒有人說去澳洲只能做一級產業，不要被新聞媒體說的喇叭話騙了，澳洲也有許多二級、三級產業及白領職位可以做。前提是：你要有本事。

講白一點，擔心職涯中斷，在去澳洲前就可以先做好準備，最簡單且最根本的解決方式就是「讓自己有料，再加上一點英文能力」。有些背包客在台灣職場上已經是優秀的存在，老闆甚至願意破格讓他留職停薪，放他出去闖蕩後再回來重新任職。除了表示對人才的珍惜，也是幫人才留一條後路，解決回來後還要重新找工作的問題（賣個人情，換忠誠度）。所以，把專業磨利，到哪都有競爭力，職涯問題自然迎刃而解。

題外話：澳洲發給台灣打工度假簽證的英文叫做「Working Holiday Visa」，我反而比較喜歡中國大陸翻譯的「工作旅遊」簽證，比起台灣的「打工度假」簽證來的準確（把Working翻譯成打工挺弔詭的，翻譯成工作假期簽證反而用詞更精準）。

❷ 台灣社會對於打工度假的看法已經寬容許多

如果面試官或用人主管，碰巧跟自己是同一所學校畢業，容易打開話題，拉近彼此的關係；跟陌生人聊天，發現來自同一個縣市，能透過地緣拉近彼此的距離。同樣的道理也能應用在澳洲打工上。

澳洲打工度假簽證開放至今也有10來年，以簽證申請資格三十一歲以前來看，最早一批去澳洲闖蕩的背包客，最年輕的起碼有三十一歲，最老也超過四十四歲。

長年累積下來，背包客不像以往是稀有動物，甚至是不被諒解。跟10年前比起來，更容易遇到知己的「同路人」。有的已經升任主管、有的已經創

業、有的在職場上表現優異。有這些前輩背書，可以讓社會知道，澳洲打工是好是壞？最早一批去闖蕩的背包客，在社會上的表現已經說明一切。

澳洲畢業的背包客，就像畢業校友一樣，10多年來的時間效應，早已遍地開花、開枝散葉。尤其是最早一批的背包客，不論是在台灣還是海外發展，他們正處於最有生產力（三十歲）以及影響力（四十歲）的年紀，在各行各業發光發熱，是社會上的中流砥柱。

對這段經歷有共鳴的面試官，對於澳洲打工度假更會持肯定態度。畢竟10多年前他們也冒險過，還是在當時對澳洲打工度假極不友善的社會氛圍與職場環境中，當先頭部隊替後人擋子彈。

只有背包客知道去澳洲打工度假的辛酸與不簡單。去面試時，遇到的面試官可能10年前在澳洲打工過，甚至用人主管也曾在澳洲外派幾年過，所以看到履歷寫著澳洲打工的經歷，印象分數先加個10分。

 長期來看，打工度假對職涯的影響微乎其微

從二十二歲大學畢業入社會，一直到六十五歲退休，中間有40年的職場生活，你覺得拿其中1～2年的時間去看看世界，真的對長達40餘年的職涯累積會有不可逆的影響嗎？

不論是在工作熟練度或是個人學習，常會接觸到學習曲線（或經驗學習曲線）理論：當個體或組織在一項任務中習得更多的經驗，他們效率會變得更好；相對的，隨著時間拉長，學習效益會隨著熟練而遞減，甚至趨近於零。

職涯也是一樣，一個工作做5年、10年、甚至20年，只有前5年的學習成長最快，10年後的成長曲線會逐漸平緩，對工作熟稔後，除非轉換跑道，否則不用20年，經驗學習曲線幾乎會趨近於零。

短期來看，1～2年的澳洲打工無利於職涯累積；長期來看，從大學畢業一直到退休，有40年的時間可以給你歷練，1～2年的中斷似乎只是個小問題。經驗學習曲線告訴我們，時間拉長，學習效益會隨著熟練而遞減，甚至趨近於零。

總結來說，即便去澳洲打工度假，斷了1～2年的職涯累積又如何？當六十五歲準備退休之際，能力跟同年紀但沒去過澳洲打工的人差異不大，甚至跟六十歲、五十五歲的人也差不了多少，唯一只差在年資的累積。即便有年資的差異，何況每年調薪、有薪年假等，隨著年資漸增，終究會面臨極限值，年資到最後除了代表資深老員工外，也只代表對公司的忠誠罷了。

生命是長期而持續地累積

如果人生很短，那青春就是一瞬間。職涯中斷可重來，但青春流逝就跟打工度假的年齡限制一樣，一去不復返，錯過就一輩子都沒機會了。如果歐美等西方國家都不在乎這1～2年對職涯的影響，台灣人又何必看得那麼重呢？何況職涯又不是人生的一切與全部。

現在有越來越多國家開放打工度假簽證，就連台灣也開放外國人來台打工度假。或許下個10年，台灣各地不會只有清一色的東南亞外勞群聚街頭，而是各色人種隨處可見。

世界在變、社會在變、產業在變，就你觀念停在10年前！別再故步自封了，就算因為年紀或其他原因，沒機會走出去看看世界，也不要用有色眼鏡看待世間萬物。我們處在全球化的世代，「尊重社會的多樣性」是未來許多地球村的居民都需要補修的重大課題。

最後，用影響我人生觀很深的一本書《生命是長期而持續的累積：彭明輝談困境與抉擇》裡面的一段話當作收尾，給還在猶豫該不該出發澳洲打工的人一點鼓勵：「生命是一種長期而持續的累積過程，絕不會因為單一的事件而毀了一個人的一生，也不會因為單一的事件而救了一個人的一生。屬於我們該得的，遲早會得到；屬於我們不該得的，即使僥倖巧取也不可能長久保有。如果我們看得清這個事實，許多所謂『人生的重大抉擇』就可以淡然處之，根本無需焦慮。而所謂『人生的困境』，也往往當下就變得無足掛齒。」

去澳洲打工度假1～2年，不會毀了你的職涯，反而會豐富你的人生閱歷，開拓台灣以外的視野。就像是在水面逐漸平靜的漫漫人生中，丟下一塊意外的石頭，激起一波短暫卻絢爛、精彩的漣漪。

在澳洲打工的我們，處境與行為跟在台灣的外勞沒什麼兩樣

這 標題不是在貶低自己人，只是單純分享在澳洲打工度假時，看到當地新聞媒體對背包客態度的一些感受，或是背包客自己本身的行為，就跟台灣人看外勞，或是台灣媒體看外勞的觀感，有異曲同工之妙。

　　每位在澳洲的背包客，各自都有著不同的經歷，旅途上所看到的風貌也都不盡相同，因此以下內容僅代表個人立場，不代表多數背包客的看法。接著就來分享一些我在澳洲體會到、回台後仍感同身受的外勞處境。

1　被有意或無意的歧視

　　就跟身處在台灣的外勞處境一樣，台灣人即便嘴巴說沒有歧視，但是當外勞生活在自己周遭時，卻不免對他們的行為舉止感到厭惡，或是因為對他們不了解，所以莫名其妙地想避開。因為不熟悉，所以害怕；因為害怕，所以逃離。

　　同樣是噴香水，嫌印度人臭、外勞臭，卻很少聽到有人抱怨歐美人士的香水是臭的。這算不算是變相的歧視？世界各地對於黃種人、黑人等人種歧視，新聞上報導的還不多嗎？甚至還有白人至上主義的觀念深植在某些歐美人士心中。我在澳洲雖沒有遇到過於激烈的歧視，開車在路上，偶爾仍會遇到亂按喇叭，或被對向來車比中指罵「Yellow Monkey」的情況。

　　最明顯感受到歧視，就是新冠肺炎疫情剛爆發時，歐美人跟亞洲人有

關於戴口罩的認知差異，導致感受到的歧視更加明顯。亞洲人戴口罩走在路上，大家都有一個默契，戴口罩是保護自己，也是保護他人；反觀歐美人士認為，戴口罩的人一定是得了很嚴重的病才需要戴口罩，因此看到其他戴口罩的人就避而遠之，有些甚至會故意在戴口罩的人面前假咳給你看（然後我們就脫下口罩，對著歧視的人假咳嗽）。

更嚴重的歧視，就是疫情初期，許多歐美人士覺得只有黃種人才會得新冠肺炎；當疫情大規模爆發後，歐美人士又覺得是因為黃種人帶來新冠肺炎，才導致當地疫情不斷，然後開始對亞洲人不友善。

歧視多少會遇到，但大多遇到的當地人都很友善，其中也不乏試圖了解我們這些外來者，尊重彼此的生活方式與文化，並從中找到平衡的當地人。像我遇到的澳洲房東，是當地的老婆婆，她就是當地典型的澳洲人，平時只噴香水，3～4天才洗一次澡，因此無法理解我們為什麼每天都要洗一次澡。因此才剛入住2天，我們就因為洗澡的事情起了爭執，最後達成每天限時洗戰鬥澡的協議。

2 同族間的團體行動

就跟台灣的外勞會自成小團體一樣，在人生地不熟的國外，遇到會說著相同語言的人，也會感到略為安心。相對的，外勞群聚一堂時，我們台灣人就會避而遠之，以免遭遇不測或被騷擾；在澳洲，有時一群黃種人走在一起，其他人也會盡量避開，同樣會害怕我們會對他們做出什麼事。

就像台灣新聞報導許多外勞的負面新聞一樣，澳洲新聞也會報導黃種人或背包客的負面新聞。當我走在墨爾本的街頭，或是在農場工作，雖然還是能見到各國人種的搭夥團體，但大多數還是以同種人，或是說著相同語言的人，形成一個兩、三人的行動團體為大宗。

以墨爾本來說，位於墨爾本的東南區，就是俗稱的亞洲區，依照語種，還能再細分成越南區、印度區、華人區、中東區等。以座落在Clayton的港超來說，以及沿路上的中餐館，大多遇到的臉孔除了多是黃種人外，遇到華

人的機率更高。先前找工時住到Springvale，沿街都是越南餐館，路上雖然也遇得到華人，但是遇到越南人的機率相對高出許多。

基本上，只要是來到有家鄉味的地方，就彷彿回到「舒適圈」，也少了一點國外的感覺。將範圍往外延伸，其實世界各地都有所謂的亞洲區、華人區（唐人街）、印度區等，因此這種同族間的群聚行為，不僅會發生在背包客或留學生身上。所以每當我看到外勞齊聚一堂的行動，其實那也只是在正常不過的日常罷了，用不著大驚小怪。

 ## 薪資福利比當地人低

這句話指的是「在同樣職位下」的比較，而非不同性質的職位比較。就像是台灣的外勞，即便薪資普遍比台灣人低，但若是把加班時數加好加滿，月薪也是能勝過坐辦公室領台幣26000元的台灣人。

上述說法不是不行，只是比較的基準不同，甚至可以說沒有太多意義。比較好的比喻應該是要類似這樣：同樣的崗位，外勞即便做著與台灣人同樣的工作，即便做得比台灣人認真，但基本薪資就是比隔壁的台灣人低，即便加著同樣的班、同樣的時數，領到的薪水也是輸台灣人一節。

反過來看，同樣的情節也在澳洲上演：以自己在農場1年下來的稅前收入是澳幣50000元，稅後則是澳幣42000元左右。根據民間機構調查的年薪水準，不論稅前或稅後薪資，皆屬於底層25%的薪資水平。用澳洲官方統計局2020年平均週薪澳幣1713.9元來看，再依當時澳洲的法定基本薪資與標準工時38小時比較。

正職 Full-Time
- 稅前澳幣19.84元/小時→澳幣753.92元/週
- 稅後澳幣16.86元/小時→澳幣640.83元/週

臨時工 Casual
- 稅前澳幣24.8元/小時→澳幣942.4元/週
- 稅後澳幣20.71元/小時→澳幣801.04元/週

可以發現不論是用正職或臨時工的底薪數據,跟平均週薪相比之下,至少都有1倍的落差。自己將農場1年的薪資分成週薪來看的話,平均稅後週薪為澳幣818.93元,也僅在低標的邊緣上飛過而已。

4 跟當地人搶飯碗

這類的報導與說辭,應該適用於全世界,只要有外勞的地方就會發生這項議題。媒體明顯就是在帶風向,卻不去考慮那些外勞做的3K工作(指骯髒、危險、辛苦的工作),都是多數當地人不做的工作。

台灣找不到人的工作做就給外勞做,然後抱怨台灣人都不願意做,卻不去思考勞工的工作環境還有薪資待遇如何。並不是台灣人不做,而是同樣類型的工作,有其他環境更好、薪資待遇更高的地方,人自然會往那邊集中。

在不考慮職涯的情況下,同樣是做基層技術員,台灣跟澳洲都是差不多的崗位與職務,但在澳洲的薪資更高、勞工權利保障更好、工作環境比台灣佳。如此明顯的差異,人往國外走,不留在本土發展,不是很合理嗎?

反觀,澳洲的新聞也是不時報導外國人跟本地人搶工作,但從農場的工作經驗,以及廣大網友的分享,會發現澳洲人很少會願意去做那些肉場、林場、農場、礦場的粗活、髒活與苦活,就像來台工作的外勞,工作崗位也很少是台灣人的概念。即便是管理職,也因為人手不足,也有外國人逐漸取代當地人的趨勢。

所以在郊區務農的日子,很少見到澳洲當地的年輕人,年輕人通常都走上不同於藍領父母的道路,不是往大都市發展,轉變成白領階級,就是出國到英國、美國等先進國家發展去了。就跟台灣經濟發展的路徑相似,祖父母一輩耕田(鄉村)、父母一輩做工(工業區),到自己這一代的時候嚮往都市的霓虹(白領)。

不論哪國人,誰都想過上好的生活,彼此都有比較的對象,嚮往更好的生活、薪資與發展。東南亞外勞來台灣工作、台灣人到澳洲打工度假、紐西

蘭人到澳洲打拚、澳洲人卻想到英國移民……。所以搶不搶飯碗只是個假議題，不是年輕人吃不了苦，而是不值得為那一點薪水吃那麼多苦。

不然，在我們眼中，外勞的工作環境很糟，薪資福利也很差，他們為何不回他們國家工作，而選擇待在台灣？正是台灣的薪資比當地好；反之，那些在澳洲人眼中的糟糕環境，薪資福利也很差的職缺，背包客為何爭先恐後搶著做？回自己國家做不好嗎？也是因為澳洲的整體工作環境對勞工而言相對友善，即便在澳洲工作只能領法定最低工資，福利與保障終究比台灣好。

所以一份工做不做，終究是比較出來的。薪資福利、工作環境、勞工權益等，才是影響勞工工作意願的關鍵因素。

⑤ 升遷通常沒自己的份

來台灣工作的外勞，通常只做短期，時間到就走，因此企業幾乎都不太會考慮讓外勞擔任管理職；台灣的企業即便工廠開到東南亞當地，且有管理職的空缺，通常也是由台灣空降，只有少數當地人才能觸及到較高的職位。

之前去廣東實習，也是由台灣的儲備幹部空降受訓，之後再安排到主管的位置，陸幹的比例也是少之又少。早期是如此，但近年企業思維轉換，一來為了因應在地化，二來為了節省人事開銷、補足人手不足的部分，陸續啟用當地人當幹部。在沒注意這一塊之前，對於升遷與空降沒什麼感覺，直到在澳洲採番茄後，才深刻體會到那種升遷與自己無緣的感受。

自己在採番茄時就經歷好幾任主管，其中兩位是當地的社會新鮮人，從來沒有當主管的經驗。公司受訓結束後，就讓他們直接空降到採果團隊管理我們。想通後才知道，與企業的地緣關係也是影響升遷很關鍵的一項因素。

除非找不到人，或是老闆觀念開放，否則澳洲公司通常也是以當地人擔任管理職優先（或是已經拿到PR的外國人），即便是新人也無妨，並主要藉由擔任管理職的當地人，去管理身為基層員工的外地人，來維持企業的日常運作。

對所處環境的認知，只有「外勞」的程度

在澳洲的背包客，大多數都是從「背包客」的角度看澳洲，沒有融入到主流社會中，僅憑自己的生活周遭事物去做判斷，終究只是一隅之見罷了。

以平均薪資例子來說，有人將澳洲的平均薪資丟到澳洲的社團中，引起一堆人的批判：「對不起我拉低平均」、「肯定是高薪的人拉高平均」、「我周遭的澳洲人都沒領那麼多」，等諸如此類的話。

現在讓我們先把角度換回台灣外勞的視角。每年行政院主計總處都會發布全台勞工薪資所得報告，其中最為人詬病的，就是每年的平均薪資資料一出，一票網友的留言，跟我在澳洲社團看到的發言沒什麼兩樣：「對不起我拉低平均」、「肯定是高薪的人把平均拉高」、「我周遭的同事都沒領那麼多」等諸如此類的話。

風傳媒於 2020-06-02 的文章《你年收入多少？主計處公布台灣最多人領這個數字》，內文指出台灣總薪資平均月薪為 47750 元，你有達到平均薪資水準嗎？抑或是拉低平均了呢？

假如外勞能簡單識別一些中文字，看到上述文章的數字後，你覺得他們的反應會是什麼呢？應該也是跟澳洲的背包客一樣吧？「對不起我拉低平均」、「肯定是高薪的人把平均拉高」、「我周遭的台灣人都沒領那麼多」等諸如此類的話。

那些外勞周遭所遇到的台灣人，就能代表台灣人薪資的全貌嗎？通常在台灣工作的外勞，周圍也都是台灣基層的技術人員，如果台灣的技術員領的薪水也只比外勞多一些，你覺得用外勞周遭所遇到的台灣人當作基準，在統計上是沒問題的嗎？他們所做的工作，絕大多是台灣人不想做的，生活周圍遇到的只能算是少數台灣人，樣本也受限在那些產業跟低薪的工作崗位上，不能代表台灣主流聲音。因此他們所窺見的，只是台灣社會的小角落罷了。

現在換回澳洲的視角，先不論澳洲主流的社會聲音聽不聽得見，至少在澳洲打工的背包客，跟台灣外勞的處境是差不多的，能見度有限，生活周遭缺少澳洲主流社會的聲音，因此參考價值也很有限。

眼前所見，不一定就是真相；親身體會，僅代表是有這回事，不代表萬事皆是如此。

⑦ 原來這就是在台外勞的感受

在澳洲打工（當外勞）時，有時遇到一些事情，腦子就會忽然靈光一閃：「啊！難不成，這就是外勞的感受？我的想法與行為，是否跟外勞差不多？」

現在回到台灣，來到外勞滿街跑的工業區，觀察工廠是如何對待外勞，以及台灣人面對外勞的態度，更加肯定我對上述觀點的看法，畢竟在澳洲的時候，也身歷其境與感同身受。現在面對外勞，比較不會有這麼多的恐懼，畢竟，我也曾在遙遠的國度當過台勞，只是美其名叫「打工度假」罷了。

Working Holiday Visa 俗稱打工度假簽證，但是更「準確」的翻譯應該是「工作假期」簽證才是。有些人很排斥被叫台勞，但是打工的說詞僅是中文的說法，畢竟英文的「Working」翻成中文後沒有打工的意思。

如同開頭所說的，以上觀點純屬個人主觀立場，我的看法不能代表全體背包客，也歡迎有其他意見或想法的人「理性」交流。

下一站，
紐西蘭

NEXT STOP, NEW ZEALAND

因為紐西蘭而開始的旅程，因為疫情而被打亂的行程

會去澳洲打工度假，只能說是因緣際會，因為澳洲打工度假的選項，最初壓根就沒有出現在我跟女友的安排中。

原先是想去紐西蘭打工度假，只是紐西蘭每年發放的簽證有名額限制，我們命不好，沒搶到當年的名額。為了不虛度光陰再等1年，於是採用備案：「先去澳洲打工賺錢，再去紐西蘭度假當大爺」，才有了之後在澳洲開始第二人生的故事。

對紐西蘭的嚮往

我對紐西蘭的印象只停留在地理課上的一個國名，即便出社會，頂多只考慮在亞洲鄰近的國家旅遊、出差或外派，紐西蘭從沒出現在我的口袋名單中。

最初會動了想去紐西蘭打工度假的念頭，是2018年還在當替代役時，距離半年才退伍的我，宅在宿舍追YouTube《曉说》，主持人高曉松在介紹紐西蘭的歷史、人文與地理，才輾轉得知紐西蘭有開放打工度假簽證。

目前YouTube上已找不到該影片，有興趣的人可以在Google搜尋關鍵字：曉說第108期：中土世界紐西蘭（上）、曉說第109期：中土世界紐西蘭（下）；或是搜尋：高曉松《曉说》：中土世界新西兰，仍有影片跟音檔的版本可以收看或收聽。

「紐西蘭不錯欸！我想去紐西蘭打工度假。」

「蛤？」

當晚跟女友聊到自己的想法後，我將影片丟給被我嚇傻的她看。

「紐西蘭感覺好棒！」

沒過2小時，我們就決定一同前往紐西蘭打工度假。於是接下來的日子，開始著手追蹤簽證申請日、申請條件、行前準備等，還有安排她的離職日，以及計畫在我退伍後可能的出發日期。

「只有一個人搶到名額怎麼辦？」

「同進同退，申請到的那個人就不要去，兩人平均分擔簽證的費用。」

「如果兩個人都沒有怎麼辦？」

「那就認命，待在台灣找工作。」

「不如改去澳洲打工度假？」

「蛤？」

在女友被職場殘害3年的職業倦怠下，她只求離開有毒的職場環境，休息一段時間，為自己的後青春期喘口氣，而非馬上再次投身職場，繼續厭世人生。因此有了如果紐西蘭簽證沒搶到，就改去澳洲打工度假的共識。

有了澳洲打工度假的備案後，表示退伍後開始算起，至少未來1年的規劃就是到南半球展開背包客生活。資料準備上，就更能專注蒐集關於澳洲、紐西蘭及背包客工作與生活相關資訊。

相對於澳洲打工度假，網路上關於紐西蘭打工度假的資料相對不齊全。整理資訊後，釐清出幾項重點。

▨ 紐西蘭很美！
▨ 澳洲是台灣人出國打工度假人數最多的國家。
▨ 澳洲的基本時薪比紐西蘭高出一些；紐西蘭的整體物價比澳洲高出一些。
▨ 澳洲的工作機會比紐西蘭多，產業類別也比紐西蘭多元。
▨ 紐西蘭打工度假簽證有六百位的限制名額，每年6月左右開放申請。
▨ 澳洲打工度假簽證沒有名額限制，只要簽證下來，隨時想去就去。

有了初步的資訊後，我們對去這兩個國家打工度假所希望達成的目標，有了些眉目，並分別設定以下目標。

◆ A計畫：去紐西蘭打工度假，可能存不了多少錢，因此打工存下來的錢全當作紐西蘭環島的盤纏，只求初期投資損益兩平，不打算留錢回台灣。

◆ B計畫：去澳洲打工度假，除了紐西蘭外，打工閒暇之餘，也要到澳洲各處見識，等打工度假結束後，回台前再去紐西蘭環島當作收尾。

為了達到我們這趟澳洲打工度假的目的，即便是高所得，在澳洲也須省吃儉用。存下來的錢除了提撥一部分當作紐西蘭的旅費外，剩下的就帶回台灣。最好的狀況是：澳洲打工完，紐西蘭旅遊完，還能存筆小錢回台灣。

畢竟要把耽誤到去紐西蘭的時間成本考量進去。因此，如果天註定要讓我們先去澳洲打工度假，再繞到紐西蘭，我們的目標必然要貪心一些，將耽誤的時間補回來。就跟信用卡帳單一樣，這一期沒繳，累積到下一期就要另外多付一筆利息；去澳洲打工度假耽誤1年的紐西蘭之旅，對我們而言，那筆利息就是「多存一筆小錢帶回台灣」。

最後在6月搶簽證名額時，我們毫無意外的雙雙槓龜，只好認命執行B計畫，並期待旅遊完後，還能留些錢帶回台灣。

② 紐西蘭，原來我們的緣分這麼遠

2020年因為疫情的關係，在準備飛往紐西蘭的前夕，紐西蘭緊急宣布入境者一律隔離14天，等於原先預計為期45天的環島之旅，壓縮到只剩1個月。前提是前面的隔離天數，還必須有飯店願意收留隔離者才行。

更重要的是，沒辦法保證隔離14天後，外面的世界變化會如何。倘若紐西蘭變成疫情重災區，甚至演變成封城鎖國的情形，最後困在紐西蘭只會什麼都玩不到、去不成，卻還是得待在當地燒錢。考慮再三後，我們被迫放棄紐西蘭之旅。當時留給我們的只剩兩個方案。

❶ 留在澳洲繼續打工存錢，等疫情狀況好轉，再決定要去紐西蘭或回台灣。

❷ 趁澳洲疫情還沒大爆發前，先回台避風頭、保住小命，紐西蘭未來再說。

這波疫情爆發後，我們才知道西方人跟東方人的防疫觀念有多大差別。歐美國家的人會歧視戴口罩的人，且認為病人才需要戴口罩，絲毫沒有防範於未然的概念，這樣的觀念即便是多元種族文化寬容的澳洲也不例外。配合新聞媒體的大幅渲染，疫情初期甚至被認為只有亞洲人會得新冠肺炎，網路媒體也不時會出現戴口罩的亞洲人被歧視、霸凌，更嚴重的還有不被公司上層諒解，導致失去工作的情況發生。

當時墨爾本的疫情，從原先的零星案例，直到我們準備離開前，每天確診人數都在逐漸增加，已經到1天的兩、三百個確診案例。我們最害怕的，並不是每天增加一、兩百的案例數，而是擔心忽然確診案例急遽驟升，確診者呈倍數，甚至是指數型增長，每天都是千例、萬例的增加，到時候政府宣布封城鎖國，就真的沒機會出逃了。

當時還面臨台灣的國際航線大幅砍班、班次取消的情形，一堆人分享自己班機停飛、改機場、改班次等慘況。最後，基於三項因素：❶ 澳洲的防疫觀念落後；❷ 墨爾本確診案例逐漸上升、❸ 飛往台灣的航班大幅減少。最終我們選擇方案二：回台灣避風頭。留得青山在，不怕沒柴燒。除了被迫取消紐西蘭的機票外，還要一邊改訂回台灣的機票。

好景不常，準備飛回台灣的前一週，墨爾本的疫情有了爆發徵兆，背包客人心惶惶，都在討論該不該回到自己的國家，我也收到回台班機被取消的通知。當時心情宛如晴天霹靂，面對一連串的諸事不順，心裡一直冒出「怎麼會這樣！」的念頭，但是老天沒給我們太多時間猶豫去留，因為每天的確診人數仍逐漸增加，誰都沒法保證下週會不會直接變成全境封鎖。

沒有多餘的時間思考，只用了一個10分鐘的休息時間，我們就直接決定改成當週就走，而且越快走越好！也讓原先預定隔週離職的我們，改成隔天就是最後一天的上班日，我們提前離職讓主管詫異不已，也來不及跟同事們一一道別，很突然地就離開待了1年多的番茄場。

許多事物都來不及善後，車子沒賣、冰箱食材沒吃完、行李沒打包，導致離開前最後幾天，我們都在進行離澳的善後處理，以及找到下個車主。

最後在澳洲倒數的日子，整天都在恐慌的邊緣中度過，每天都繃緊神經關注疫情變化，還有航班會不會再次被取消。直到最後順利搭上回台班機，才在飛機上鬆一口氣，哭著跟澳洲的一切道別。

來不及跟澳洲的一切說再見；至於紐西蘭，我們有緣再見

　　因為新冠肺炎，紐西蘭之旅被迫取消，回台班機也被無預警取消，最後還買了特貴的回台機票，那段時間總覺得全世界都在跟我們作對。

　　回到台灣後，除了要面對14天居家隔離，還要處理紐西蘭的機票、租車、住宿；帶不回來的行李，滯留在當地1年多才請朋友寄回台灣；澳洲的帳戶、稅號、退休金等，至今也尚未處理完畢。

　　第二人生就此告一段落，重拾熟悉的一切，重新回到台灣社會的軌道上，在故鄉重新開始。只是，上了軌道，就不知再次提到澳洲或紐西蘭，又會是何年何月。我們的澳洲打工度假，在疫情肆虐的背景中匆匆結束。來不及好好跟澳洲的一切道別，也暫時無緣一見號稱「世界最後一塊淨土」的紐西蘭。

紐西蘭，一樁未解的遺憾

　　不論是起心動念，決定去紐西蘭打工度假；還是因為籤運不佳，只好先去澳洲打工度假，再去紐西蘭環島旅遊。紐西蘭一直是我們的終點。

　　為了有一個Happy Ending，早在離澳前半年，我們就積極規劃紐西蘭行程的安排，以及回台後銜接畢業季的找工潮。殊不知，正當我們以為事事順利時，突如其來的一場「疫」外，使期待2年的紐西蘭之旅無限期延後。

　　疫情早不來晚不來，偏偏在我們即將離境、出發紐西蘭時爆發，嚴重懷疑根本預謀犯案。前置作業的辛勞與心勞全部打水漂，回台還必須跨國處理機票、住宿、觀光門票等退費。

　　打工度假是我們最有空閒、最沒包袱的時候，如今回歸台灣、步入職場後，想要找到一大段彼此可配合的時間就難矣。總之，現在先努力賺錢，適應職場與社會，紐西蘭就之後隨緣吧！

未解的遺憾：尚未達成的夢想清單與待辦事項

當初會遠赴澳洲打工度假，是因為搶不到紐西蘭打工度假簽證後的備案。在即將從澳洲畢業，紐西蘭環島之旅也一切準備就緒之際，卻因為新冠肺炎打亂了整個節奏，來不及跟澳洲的一切好好說再見，紐西蘭之旅最終也變成一樁未解的遺憾。帶著萬般不甘與不捨，搭著離澳的飛機，看著窗外澳洲的一切事物逐漸縮小、淡出眼簾，最終被雲層淹沒，嘆想著：「不知道下次踏上澳洲要到何年何月。」也才知道我們和紐西蘭的緣分這麼遠！

回歸台灣社會至今，仍會不時關注澳洲相關的社團，看在那邊的背包客又分享了什麼好事、壞事、值得紀念的人生大事。看著這些故事，讓我開始懷念澳洲的生活，也開始後悔當初沒有好好把握旅澳時光，多去體驗當地的人文風情，以及眺望各處的自然景觀。

曾幾何時，我也從期待出發的背包客，在待辦清單上寫下許多到澳洲後要完成的事；如今已成歸人，看著逐漸泛黃的待辦清單，後悔當初沒有積極去完成，最後只能在一片慌亂中含恨離開。不知道有生之年，是否能再次踏上澳洲這片土地，繼續完成背包客時期未果的夢想，以及解鎖未完成的人生成就。

1 過於偏安維州一隅處

台灣占地面積約 3.6 萬平方公里，而我所在的維多利亞州有 22.7 萬

237

平方公里，約莫是台灣的6.3倍大，澳大利亞國土面積則有將近770萬平方公里，約台灣的212倍大。

車子除了平時通勤外，基本上用途不大，因為都不敢開車往外跑。我工作地點在墨爾本郊區的番茄場，大部分的活動範圍都在小鎮周遭，開車最遠頂多到附近城鎮閒晃。

礙於自己的開車技術，我不敢開車到人多的市區及周圍近郊，唯一一次在聖誕節開車到號稱南半球最大的商場Chadstone - The Fashion Capital就是我最大的極限。

光是維州許多知名景點，我們去過的可說是寥寥可數：大洋路（Great Ocean Road）十二門徒（The Twelve Apostles）、威爾遜岬國家公園（Wilsons Promontory Marine Park）、丹頓農蒸汽小火車（普芬比利鐵路, Puffing Billy）、吉普斯蘭湖口（Gippsland Lakes Entrance）、布萊頓海灘（Brighton Beach）的彩虹小屋、在聖科達海灘（St Kilda Beach）看夕陽與企鵝。

還有許多尚未前往的口袋名單，也是維州當地知名的景點：天空之鏡（Lake Tyrrell）、粉紅湖（Loch Lel）、格蘭坪國家公園（Grampians National Park）、LV集團買下的葡萄酒莊Domaine Chandon、亞拉河谷國家公園（Yarra Ranges National Park）、維州第二大城吉朗（Geelong）、去布勒雪山滑雪（Mt. Buller）、維州內陸農業大鎮謝伯頓（Shepparton）等不計其數，這都還是在我生活圈內開車可抵達的範圍。

澳洲國土面積之大，是台灣的212倍！光一個維多利亞州就有台灣6倍有餘。台灣即便生活了二十餘年，也沒有到各縣市深度旅遊過，何況是僅有區區1年多的旅澳生活，我卻將活動範圍自我設限在開車技術上，實在慚愧。

墨爾本東南的三大半島：Mornington、Phillip、Gippsland，雖然生活在Gippsland半島，但是鄰近的另外兩個知名觀光半島，在離境之際，卻一步也不曾踏入過。

明知時間有限，待在維州1年多的時間，卻沒好好把握機會。如今回台，返澳遙遙無期，剩下一片悔恨的唏噓在內心呼喊：「為何當時不多利用空閒時間多出去走走，多去看看、體驗異國風情？」違背自己當初遠渡重洋去澳洲重啟第二人生的初衷。

只在都會圈活動

　　我在澳洲僅有兩次大規模旅遊，其中一次是是帶女友一家到澳洲旅遊3週，旅程規劃在東部幾座大城市之間活動：墨爾本、雪梨、黃金海岸、布里斯本。除了少數活動是包車出去玩外，其餘的移動方式幾乎都是仰賴大眾運輸工具及Uber代步，活動範圍也被局限在都市間穿梭。所以近郊、較偏遠地區的景點，考量到交通費的支出，就變成旅遊經費的取捨。

　　因此女友一家只知道澳洲東部大都會的樣貌，對於都市外的自然美景則認知有限。嚮往沿路開著車帶著她們一家眺望澳洲美景的夢想，直到跟她們道別也沒有實踐，只因為女友覺得我的開車技術不夠熟稔，建議不要租車自駕，以免禍害她們一家人。

　　另一個情形，是去有「小紐西蘭」之稱的塔斯馬尼亞州（簡稱塔州），一個近台灣2倍大、40萬人口，也是澳洲唯一的島州。原先想環塔州追極光，也因為自駕的技術問題，再加上冬天颱風下雪，本身沒有雪地駕車的經驗，只好退而求其次，改為跟團環島。後來得知農場的同事跟我們差不多時間去塔州環島，只是他們選擇自駕，我們是選擇跟團環島。聽他們的故事分享，才發現明明都是1週的時間，但是看到的、感受到的卻差異甚大。

　　由於因跟團有時間限制，行程都是照表操課，沿途即便有小景點，但表定行程的規劃，幾乎都只能走馬看花，其次是觀光團只去大景點，因此行程幾乎都是在拉車居多，到各處景點晃個30分鐘、1小時就再趕著去下一個景點，雖然少了疲勞駕駛的危險，但在觀光體驗及時間彈性上相對較弱。

　　自駕的時間彈性相對好上許多，沿路忽然看到一個指標，說走就走不囉嗦，想待多久就待多久，也不用跟其他團員去協商改變行程的意願。

　　差不多的花費，截然不同的體驗，也是跟團及自駕該去取捨的思考題。再讓我選擇一次，我一定選擇自駕。不過自駕也有相對應的風險，像是同事不熟路況，環島半路就跟當地校車對撞，車子幾乎在半毀狀況下才勉強完成環島，後續還延伸賠償問題。

　　因為交通問題（嚴格來說，是自己的駕駛技術問題），在買車1年後，即

便要進墨爾本市區，我們還是會選擇搭接駁車或是長途火車，車子的作用僅是通勤、採買，以及方便將我們從家中送到小鎮上的火車站而已。

所以即便澳洲地廣人稀，因為不開山路、不開遠程、不開車潮擁擠的近郊與都會區，長期下來開車技巧有比較好？我想提升幅度也有限。最後的結果就是被自己的駕駛技術牽拖，放棄好多景點沒去，真的是含淚而終，後悔沒有好好學開車。

回台後看到更擁擠的車況，以及至今仍一成不變的交通亂象，更增添自己開車上路的不安全感。何況澳洲跟台灣還有右駕跟左駕、道路行徑方向顛倒、方向燈會不小心打成雨刷的差異。

3 未實現的環澳之旅

許多台灣人有個環島夢，許多到澳洲的背包客，也一樣有個環「澳」夢。許多背包客在離澳之前，都會把環澳當作畢業禮物，用環澳替自己的澳洲打工度假之旅畫上一個完美的句點。

我的生活軌跡幾乎圍繞在墨爾本近郊活動，即便旅遊，也只限於東澳大都會生活圈。但是澳洲之大、澳洲之美，豈是短短2～3年就能看盡？

- 沒去到南澳首府阿得雷德（Adelaide）一窺南澳風光，。以及抱無尾熊。
- 沒去到西澳首府伯斯（Perth），看看西澳的人文風情及自然美景，還有跟世界最小的微笑袋鼠一起拍照。
- 沒去到北領地首府達爾文（Darwin），有著澳洲原住民最密集的城市，不僅有著澳洲最靠近亞洲的出口港，也有著許多東南亞和東亞移居的移民城市。好奇如此多元文化如何塑造這座城市，締造「澳洲最多元文化的首府」的美稱。
- 沒去到「世界肚臍」烏盧魯（Uluru），不僅是澳洲本土的中心，更是原住民的聖地。想去眺望晨曦與日落，野宿在星光草原（Field of Light）中。
- 沒去到凱恩斯（Cairns），前往擁有全世界最大、最長珊瑚礁群的大堡礁（Great Barrier Reef），去聖靈群島（Whitsunday Islands）眺望心形礁，以及有著「十大蜜月度假島」之稱的漢密爾頓島（Hamilton Island）。

- 沒去到澳洲的首都特區坎培拉（Canberra），去看有著國家最密集的行政中心、各種國家級建築（鐘樓、植物園、展覽館、博物館、藝術館、圖書館）、公家機關，好奇有著全國最多公務員的高收入城市，會是怎麼樣的風貌，也想一覽澳洲的國會大廈（Parliament House）及參觀澳洲貨幣的生產製造地－皇家澳洲鑄幣廠（Royal Australian Mint）。
- 東部的大都會雖然都去過一輪（除了坎培拉），這些城市附近還有許多景點都還沒有去過，豈能去打卡晃過就算了呢？豈能去過一次就甘願了呢？
- 還有塔斯馬尼亞，如果還有機會再去，下次一定要用自駕的方式完成環島，將許多跟團錯過的景點一次補齊。

④ 珍惜有限的旅澳時光

寫這麼多，一來是希望未來的自己，即便時間沖淡了在澳洲的點點滴滴，起碼還有這篇文章可以留「憶」，待哪天回味這篇文章時，可以湧現當年旅澳闖蕩的汗水與淚水，以及記得哪些悔恨跟遺憾殘留在遙遠的異國他鄉。

二來是將過去的遺願交接給未來的自己，希望透過這篇文章銜接自己的過去與未來，為過去與未來的自己，搭建起交接夢想的橋梁。若哪天有緣再次踏上澳洲的土地，有了這份待辦清單，就能延續那些年在當背包客時，那些未完成的夢。

三來是以過來人的經驗分享，給即將出發旅澳，或是已經在打工度假路上的背包客一篇「警世文」。醒醒吧！你不是澳洲人，也不是澳洲公民，你的澳洲時間有限！沒那個澳洲時間，就不要拿自己有限的澳洲時間開玩笑！

要珍惜短短幾年的旅澳時光，不要像我一樣，等到失去了才後悔，徒留許多遺憾，後悔自己虛度有限的澳洲光陰。人生很短，青春有限，而留澳時間不等人！

最後，如果你是還在猶豫要不要去澳洲打工度假的人，請記得，如果人生很短，那麼青春就只有一瞬間！職涯中斷可重來，但以最小成本體驗異國生活的機會，隨著打工度假的年齡限制，錯過就錯過，往後就沒機會了。

結語：無私分享紐西蘭旅遊地圖資訊

原先規劃在2020年的3月底，準備去紐西蘭自駕環島45天（北島15天，南島30天），因此從2019年10月就開始籌備紐西蘭旅遊，平日每天花3、4個小時在地圖上摸索，假日只要不出門，幾乎就是宅在電腦前整理地圖資訊，然後思考環島路線。最終花了3個月的時間產出了一份紐西蘭的環島地圖，地圖裡包含了各種大小景點、美食、商場、加油站、資訊中心、市集等。

最後因為疫情的關係，紐西蘭規定入境者一律隔離14天，就連原定從紐西蘭直飛回台的班機也被取消。疫情擴張的嚴重性超乎我們想像，光是隔離14天就已經嚴重打亂我們的環島計畫，即便我們願意配合隔離政策，也要有旅館願意接收我們進行隔離才行。抉擇的過程很痛苦，畢竟我們在澳洲打工度假1年多，等著就是存一筆錢去紐西蘭環島，真的很不甘心工打完了，卻無福享受度假的部分。

從事後的角度來看，慶幸我們選擇暫時回台，因為當時澳洲與紐西蘭都面臨疫情爆發的邊緣，各種封州、封城及縮減航班等防疫手段都用上了。表示當時若我們執意去紐西蘭環島，可能無法玩得很盡興，而且還要冒著被歧視、被感染的風險，最後困在紐西蘭回不去也是種可能。

因為疫情緣故，紐西蘭旅遊地圖資訊暫時用不到，因此在本書的最後（P.244），公開分享給大家做規劃使用。

① 地圖資訊基本訊息

　　旅遊資訊主要分成五大類：住宿、景點、美食、其他與加油站。其他的類別中，包含了遊客中心、購物商城、市集、私人酒莊、極限運動、室內與戶外運動等項目，基本上只要不是另外四類的，都歸屬於其他類別。

截至 2020 年 3 月 8 日止，地圖目前整理出來的內容量如下

- ▨ 26 間住宿。
- ▨ 1552 個大小景點。
- ▨ 3010 間美食餐廳。
- ▨ 529 項遊客中心、商城、各項室內與戶外運動等。
- ▨ 636 間加油站。

資訊篩選條件

- ▨ Google 評論超過四顆星 ，並至少超過五十個評價（食物則是少數三顆星以上，加油站不論星數）。
- ▨ 有照片當作參照，照片至少要有三十張以上。
- ▨ 若沒有符合上述資格，可能是因為參考部落客的遊記後，決定納入。

② 旅遊地圖出來之後

　　雖然用 Google Maps 花了 3 個月，才環了紐西蘭的南、北島一圈，但透過這種每條大、小路慢慢看過去的過程，讓我對紐西蘭有比較清楚的認識。

　　當然，過程中一定有景點、美食，或其他資訊的遺漏，畢竟人非聖賢，孰能無過？若有任何漏網之魚，還請大家不吝分享自己的私房景點與評價，你們的參與，得以讓這份資訊更加完善！

　　雖然我將這份地圖免費分享給想去紐西蘭旅遊的人，但地圖中藏有一些「主權宣示」的說明，因為我不想看到有心人士拿著別人做的地圖到處招搖撞騙，若在地圖中有看到「主權宣示」的說明與示意，有礙觀感還請見諒。

　　我曾考量權限該用「僅供檢視」還是「共同編輯」，後來因擔心有心人亂搞地圖資訊，現階段決定採用「僅供檢視」給大家參閱，有需要使用的人，可以複製一份到自己的帳號中進行編輯。

如果說北島的人為開發較多，南島就是自然環境較多，從網路上的許多遊記也可看出，大部分人到紐西蘭旅遊，重點大多以南島的自然景觀為主。

不過我在安排行程時，發現北島也有滿多不容錯過的景點，只是缺乏一雙發現的眼睛，等待世人去發掘罷了。與其人云亦云，偶爾當個領頭羊，也不是一個多壞的選擇。

對於時間不多的人，與其南、北島草草環一圈，重點景點踩一踩就離開，不如將紐西蘭分成兩次來吧！難得大老遠從台灣飛到紐西蘭，想必沒人希望時間都花在交通上吧？那多不值得！分次來，就看是先去北島或南島，玩得盡興、錢也花的值得。

在澳洲生活過，習慣了澳洲的物價，網路一查也發現，紐西蘭除了油價比澳洲貴以外，生活與住宿的價格差異不大，只有澳幣跟紐幣的差別。

租車可以上網查價格比價，所以很好抓預算，吃跟住的部分我們盡量不要省，畢竟在澳洲時，省吃儉用過日子，就是打算來紐西蘭當大爺！吃跟住的預算可以彈性分配，因為即便三餐吃外食，除非真的吃很好，不然1天很難花到紐幣100元，了不起一餐紐幣25元，1天也才花紐幣75元而已。

吃的預算會抓高，主要是為了住好一點的旅館，若遇到想住的旅館，但價錢比預算超出一點，就從吃的預算中補過去。雖說如此，我們原先的預算是抓1天紐幣200元左右，這還不包含油錢、入場門票、伴手禮、溜溜車等費用，最後發現這樣的預算規劃似乎過於樂觀。

所以，超出預算一定在所難免。至於超出多少，就只能等到未來有緣再見真章了。

關於紐西蘭，我就點到這。希望這份地圖資訊能幫助到想去紐西蘭旅遊的大家。最後附上紐西蘭的旅遊資訊地圖當作Ending，祝大家享用愉快！

New Zealand Travel：（https://www.google.com/maps/d/u/0/edit?mid
=1JmHJQVgMfmG08C7sZB64Pmpq3XiSK7wu&usp=sharing）

後記 ···

　　如果時間能重來，我仍會毫不猶豫選擇澳洲打工度假。去過以後，才會有比較的基準，也才會去思考，在台灣與在澳洲的自己，有哪些好習慣與壞習慣；才會深刻體會到，澳洲與台灣的大環境，各自有哪些好與不好的地方；透過這趟旅程，自己的身心靈又面臨哪些改變與不變。

　　澳洲打工度假不僅僅是「打工」「度假」而已，透過這趟旅程與自己對話，重新認識自己。你會知道自己喜歡生活在都市、近郊、小鎮、還是露營；你會知道自己喜歡多一點社交、還是多一點獨處；你會知道自己的底線在哪，像是有許多人即便肉場薪水再高，也不願意去碰；你會知道自己的能耐與抗壓性，是王子或公主？還是會咬牙熬過去，直到苦盡甘來；你會知道自己的花錢習慣，是及時行樂的週光族，還是斤斤計較的鐵公雞；你會知道澳洲的哪些部分是自己嚮往的，哪些又會覺得「還是台灣好」。

　　經過這趟旅程，你可能還是會對人生感到迷茫，還是不知道自己究竟要什麼。在澳洲體驗過一輪後，當你對自己的方方面面有更多的認識，即便無法明確自己未來的志向，至少對於哪些是自己不想要、不喜歡的事物，會有更多的見解。表示你已經為自己的人生，剔除了許多干擾，未來不需要再去繞道嘗試。往後的人生，只要朝剩下的選項走，透過刪去法，總會找到自己的興趣與夢想。

　　打個比方，就像我知道，自己其實不排斥務農與體力活，因為在澳洲有錢又賺得到健康，但在台灣就不好說，因為台灣在薪水及勞工安全這一塊，與澳洲差上一大截，因此回到台灣後，在尚未走投無路之前，我絕不會考慮農業或勞力相關的工作。

　　如果有人問我，值不值得花一、兩年的時間去打工度假（不一定是澳洲），我一定會說：「超級值得！」打工度假是年輕人的專利，只有年輕，才能用最小的成本去體驗各國的文化差異。你應該沒看過四、五十歲的人還能申請打工度假簽證的吧？趁著年輕包袱少，走出台灣看世界，去一趟打工度假，你的格局與眼界都會更加開闊。不論是對自己、職涯還是人生，都是大大的加分。

POSTSCRIPT

以自己為例，澳洲打工其實就是考驗自己如何將知識學以致用，在人生地不熟的陌生國度，用英文與人溝通、買車、找租、求職與生活。落地初期只找到零工打雜，嚴格控管支出，處境捉襟見肘，最終於網路發現商機，繪製資訊地圖販售，熬過燒錢的頭兩個月。進入農場後，虛心向前輩請教、自我激勵，慢慢爬到團隊前五名，持續思考該如何做到更好，尋求自我突破，後期績效持續創新高，常駐績效第一名，最終榮獲公司頒發的最快採手獎，以及主管的推薦信歸國。

簡單講，打工度假就是一場給自己的試煉——如何淬鍊二十幾年來的人生總結，並在澳洲發揮的淋漓盡致。當別人問我：「後不後悔沒把時間拿來累積職場經驗？」我反而覺得，台灣職場的生活，比澳洲簡單多了！

轉眼間，從澳洲回來過了三年多，我與愛情長跑十年的女友結婚，第一份工作一做就滿了三年，年紀也即將奔向三字頭。但是，對於澳洲打工度假這段壯遊，至今仍是回味無窮，即便已經登出澳洲三年多，我們仍潛伏在與澳洲相關的社團，看其他背包客分享自己的冒險故事。因為我們一直期待著，在年紀到達三十一歲以前，還能重返澳洲，為我們因為疫情戛然而止的澳洲之旅，做一個完美的 Ending。

值得一提的是，2022年9月，我與老婆一同搶到了紐西蘭加開的打工度假簽證，沒意外的話，這本書上市時，我們可能正在準備前往紐西蘭的路上，抑或是已經踏上「世界最後一塊淨土」，展開我們新一段的冒險旅程。

不論是未完待續的澳洲之旅，還是整備就緒的紐西蘭打工度假，時間由不得我們片刻猶豫，只能把握最後的歲月，試圖抓住青春的尾巴。

最後，祝所有還在猶豫該不該出發的讀者，在讀完這本書後，能給你踏上旅程的勇氣；祝所有在異國冒險的背包客，能透過這本書，少走一些冤枉路；祝所有歸國的旅人，在看完這本書後，能對自己有過這段壯遊感到驕傲，以及能對人生有新的詮釋，並找到自己人生的歸宿。

本書的最後，有緣人，我們紐西蘭見！

1 下班巧遇冰雹；2 羅斯橋（Ross Bridge）；3 馬丁廣場；4 墨爾本百年蛋糕店 Hopetoun Tea Rooms；5 聖誕交換禮物；6 南半球威尼斯的黃金海岸；7 伴隨熱氣球與日出的黃金海岸；8-10 2019 ～ 2020 年雪梨跨年煙火。

11 亞瑟港（Port Arthur）；12 皮爾蒙特大橋（Pyrmont Bridge）；13 大洋路的入口；14 維多利亞州立圖書館──The La Trobe Reading Room；15 墨爾本戰爭紀念館（Shrine of Remembrance）；16-17 租屋處外的風景；18 荷巴特（Hobart）巧遇彩虹。

19 身後是澳洲最高、南半球第二高的 Q1 大廈；**20** 彩虹小屋；**21** 雪梨大學；**22** 農場生活從郊區平房開始；**23** 鴯鶓（澳洲鴕鳥）；**24** 蜜月灣（Honeymoon Bay）；**25** 雪梨港灣大橋；**26** 獲得 2019 年度快手賞；**27** 房東家的雪橇犬。

28 墨爾本市政廳；29 雪梨遊船；30 墨爾本夜景；31 雪梨夜景 ；32 墨爾本夜景。

參考資料來源（英文照字母排序、中文照筆劃排序）

01 【GO AU】就從倒數 10 天開始説

02 adidas Australia: adidas Official Website

03 adidas 台灣官方購物網站

04 Apple - 官方網站

05 Apple (Australia)

06 Australia GDP 1960–2022 | MacroTrends

07 Australian Bureau of Statistics

08 Average Salary in Australia 2023 - The Complete Guide

09 Coles Supermarket: Shop groceries online

10 Everyday Rewards

11 Gong cha (AU)

12 Google Maps

13 How to use piece rates - Horticulture Showcase

14 Individual income tax rates - Australian Taxation Office

15 iPhone Index 2022: how many days do we need to afford Apple's newest flagship?

16 List of countries by minimum wage-Wikipedia

17 Minimum wage law - Wikipedia

18 Minimum wages - Fair Work Ombudsman

19 Myki - Public Transport Victoria

20 Pay & piece rates - Horticulture Showcase

21 Personal Property Securities Register（PPSR）

22 Registration check - VicRoads

23 Scam alerts - Australia Post

24 Starbucks Index 2019 ─ finder.com

25 The Big Mac index

26 Woolworths Supermarket - Buy Groceries Online

27 比率網：澳幣匯率歷史

28 世界各國和地區面積列表－維基百科

29 《生命是長期而持續的累積：彭明輝談困境與抉擇》

30 全球最宜居城市榜單出爐 澳洲四城進前十名

31 你年收入多少？主計處公佈台灣最多人領這個數字－風傳媒

32 門市／菜單－貢茶國際股份有限公司

33 財政年度－維基百科，自由的百科全書

34 《為什麼我們這樣生活，那樣工作？》

35 就是愛旅行：澳洲的氣候與時差－ I Love Travel

36 復活節 Easter

37 新規：農場計件採摘時薪不得低於 $25 - 澳洲生活網

38 精彩絕不錯過！澳洲「國定假日＋重要節慶」超詳細整理：讓你從年初玩到年尾！

39 《蔡康永的説話之道》

40 澳大利亞行政區劃－維基百科，自由的百科全書

41 澳大利亞政經概況－貿易俱樂部

42 澳洲 - 維基百科，自由的百科全書－ Wikipedia

43 澳洲公眾假期－澳洲旅遊局－ Tourism Australia

44 澳洲找工資訊網 @AUINFO

45 澳洲首都領地 - 維基百科，自由的百科全書

46 澳洲產業，資源豐富的礦業大國

澳洲打工度假
開啟的 第二人生
Second life in Australia

書　　　名　澳洲打工度假開啟的第二人生
作　　　者　木村白哉
主　　　編　莊旻嬑
校稿編輯　許雅容
美　　　編　羅光宇、譽緻國際美學企業社
封面設計　洪瑞伯

發 行 人　程顯灝
總 編 輯　盧美娜
發 行 部　侯莉莉
美術編輯　博威廣告
製作設計　國義傳播
財 務 部　許麗娟
印　　務　許丁財
法律顧問　樸泰國際法律事務所許家華律師
藝文空間　三友藝文複合空間
地　　址　106 台北市安和路 2 段 213 號 9 樓
電　　話　（02）2377-1163
出 版 者　四塊玉文創有限公司
總 代 理　三友圖書有限公司
地　　址　106 台北市安和路 2 段 213 號 9 樓
電　　話　（02）2377-4155、（02）2377-1163
傳　　真　（02）2377-4355、（02）2377-1213
E - m a i l　service @sanyau.com.tw
郵政劃撥　05844889 三友圖書有限公司

總 經 銷　大和書報圖書股份有限公司
地　　址　新北市新莊區五工五路 2 號
電　　話　（02）8990-2588
傳　　真　（02）2299-7900

初版　2023 年 5 月
定價　新臺幣 400 元
ISBN　978-626-7096-32-1（平裝）

國家圖書館出版品預行編目（CIP）資料

澳洲打工度假開啟的第二人生 / 木村白哉作 . -- 初
版 . -- 臺北市：四塊玉文創有限公司, 2023.05
面；　公分
ISBN 978-626-7096-32-1（平裝）

1.CST: 旅遊 2.CST: 社會生活 3.CST: 工作環境
4.CST: 澳大利亞

771.9　　　　　　　　　　　　　112002666

三友官網

三友 Line@

五味八珍的餐桌
──品牌故事──

60年前，傅培梅老師在電視上，示範著一道道的美食，引領著全台的家庭主婦們，第二天就能在自己家的餐桌上，端出能滿足全家人味蕾的一餐，可以說是那個時代，很多人對「家」的記憶，對自己「母親味道」的記憶。

程安琪老師，傳承了母親對烹飪教學的熱忱，年近70的她，仍然為滿足學生們對照顧家人胃口與讓小孩吃得好的心願，幾乎每天都忙於教學，跟大家分享她的烹飪心得與技巧。

安琪老師認為：烹飪技巧與味道，在烹飪上同樣重要，加上現代人生活忙碌，能花在廚房裡的時間不是很穩定與充分，為了能幫助每個人，都能在短時間端出同時具備美味與健康的食物，從2020年起，安琪老師開始投入研發冷凍食品。

也由於現在冷凍科技的發達，能將食物的營養、口感完全保存起來，而且在不用添加任何化學元素情況下，即可將食物保存長達一年，都不會有任何質變，「急速冷凍」可以說是最理想的食物保存方式。

在歷經兩年的時間裡，我們陸續推出了可以用來做菜，也可以簡單拌麵的「鮮拌醬料包」、同時也推出幾種「成菜」，解凍後簡單加熱就可以上桌食用。

我們也嘗試挑選一些熟悉的老店，跟老闆溝通理念，並跟他們一起將一些有特色的菜，製成冷凍食品，方便大家在家裡即可吃到「名店名菜」。

傳遞美味、選材惟好、注重健康，是我們進入食品產業的初心，也是我們的信念。

冷凍醬料做美食

程安琪老師研發的冷凍調理包，讓您在家也能輕鬆做出營養美味的料理。

冷凍醬料的 5大優點

省調味 × 超方便 × 輕鬆煮 × 多樣化 × 營養好

選用國產天麴豬，符合潔淨標章認證要求，我們在材料和製程方面皆嚴格把關，保證提供令大眾安心的食品。

三友官網

五味八珍的
餐桌官網

五味八珍的
餐桌FB

程安琪
鮮拌味FB

程安琪入廚
40年FB

五味八珍的
餐桌LINE @

聯繫客服　電話：02-23771163　傳真：02-23771213

冷凍醬料調理包

香菇蕃茄紹子

歷經數小時小火慢熬蕃茄，搭配香菇、洋蔥、豬絞肉，最後拌炒獨家私房蘿蔔乾，堆疊出層層的香氣，讓每一口都衝擊著味蕾。

雪菜肉末

台菜不能少的雪裡紅拌炒豬絞肉，全雞熬煮的雞湯是精華更是秘訣所在，經典又道地的清爽口感，叫人嘗過後欲罷不能。

麻辣紹子

麻與辣的結合，香辣過癮又銷魂，採用頂級大紅袍花椒，搭配多種獨家秘製辣椒配方，雙重美味、一次滿足。

北方炸醬

堅持傳承好味道，鹹甜濃郁的醬香，口口紮實、色澤鮮亮、香氣十足，多種料理皆可加入拌炒，迴盪在舌尖上的味蕾，留香久久。

冷凍家常菜

一品金華雞湯

使用金華火腿（台灣）、豬骨、雞骨熬煮八小時打底的豐富膠質湯頭，再用豬腳、土雞燜燉 2 小時，並加入干貝提升料理的鮮甜與層次。

靠福・烤麩

一道素食者可食的家常菜，木耳號稱血管清道夫，花菇為菌中之王，綠竹筍含有豐富的纖維質。此菜為一道冷菜，亦可微溫食用。

3 種快速解凍法

想吃熱騰騰的餐點，就是這麼簡單

1. 回鍋解凍法

將醬料倒入鍋中，用小火加熱至香氣溢出即可。

2. 熱水加熱法

將冷凍調理包放入熱水中，約 2 ～ 3 分鐘即可解凍。

3. 常溫解凍法

將冷凍調理包放入常溫水中，約 5 ～ 6 分鐘即可解凍。

私房菜

純手工製作，交期較久，如有需要請聯繫客服

02-23771163

紅燒獅子頭

程家大肉

頂級干貝 XO 醬